KB237077

e-러닝 기반의 디자인교육 방법론

e - 러닝 기반의 디자인교육 방법론

유 명 환

서 문

우리나라에 디자인이 처음 도입된 것은 일본 식민주의 시대인 1940년대 부터이며 디자인교육은 1970년대 경제성장과 더불어 정착되었다. 특히 시각 디자인교육은 정보미디어의 발전에 따라서 70년대의 인쇄매체, 80년대의 방송매체, 90년대의 디지털매체를 기반으로 교육의 내용과 전달방식이 변화되어 왔다. 또한 80년대 중반 컴퓨터의 보급과 90년대 인터넷과 멀티미디어의 도입은 시각디자인도구의 변화와 시각디자인영역의 변화 그리고 교육방법의 변화를 가져왔다.

현재는 정보통신 기술과 네트워크의 발전으로 디자인교육에 있어서도 사이버 공간을 활용한 e-러닝과 혼합형 수업(Blended Learning) 환경이 도입되어 디자인교육의 다양성과 융통성 및 교육의 새로운 형태를 실현가능하게 하고 있다. 이와 같이 e-러닝 기반기술의 급속한 발달은 시각디자인교육에 있어서도 차별화된 기술과 플랫폼으로 지식의 전달방식과 커뮤니케이션의 방법을 변화시키고 있는 것이다. 하지만 아직까지도 시각디자인교육은 면대면 교육이 효율적이라고 생각하며, 온라인 강의 유형은 지식을 일방적으로 전달하기 위한 매체로만 활용하려는 선입관을 가지고 있다. 이는 e-러닝 기반기술의 발전에 비하여 e-러닝 기반의 시각디자인교육에 대한 연구는 미약하였기 때문이다.

연구자는 이러한 연구의 필요성에서 출발하여, 시각디자인교육의 목표인 창의력과 문제해결능력을 키우면서도 온라인의 단점인 고립감을 해소하고 학습자의 참여를 유도시켜 학습자 간의 결속력을 높일 수 있는 디자인교육 방법론을 연구하고자 하였다. 즉, 본 연구의 목적은 e-러닝 기반의 시각디자인교육에서 디자인 학습에 대한 학업성취도를 높이고 학습자들의 참여도를 높이기 위한 교육방법론에 대한 연구이다. 연구의 진행은 이론적 고찰과 연구모형의 실행 그리고 연구모형의 효과에 대한 검증으로 진행하였다.

디자인교육에서 가장 중요시되는 창의적 아이디어 개발, 디자인의 논리적 전개, 설득력 있는 프레젠테이션 방법 등은 교수와 학생 간, 학생과 학생 간의 끊임없는 아이디어의 교환 및 토론 과정을 통해 개발될 수 있다. 추후 이에 대한 지속적이고 발전된 연구를 통해 e-러닝 기반의 시각디자인교육이 인지적 정의적 측면에서 효과적일 수 있기를 기대한다.

목 차

서문 ＊＊＊ 5

Ⅰ. 서론 ＊＊＊ 9
1. 연구의 필요성 및 문제의 제기 ……………………………………… 10
2. 연구의 목적과 방법 …………………………………………………… 15
3. 연구의 내용 …………………………………………………………… 17

Ⅱ. 시각디자인교육 매체로서의 e-러닝 환경 ＊＊＊ 19
1. e-러닝 기반의 시각디자인교육 ………………………………… 20
   1) 디자인 패러다임의 변화 ………………………………………… 20
   2) 대학의 디자인교육의 변화 ……………………………………… 25
   3) e-러닝 기반의 시각디자인교육 패러다임 …………………… 30
2. e-러닝 기반의 시각디자인교육용 콘텐츠 개발 방법론 ……… 45
   1) 콘텐츠 개발모형 ………………………………………………… 46
   2) 상호작용(Interaction) 디자인 ………………………………… 52
   3) 유저인터페이스디자인 …………………………………………… 57

Ⅲ. e-러닝 기반 시각디자인교육을 위한 인식론적 접근 ＊＊＊ 67
1. e-러닝 기반 시각디자인교육을 위한 구성주의 인식론 ……… 68
   1) 구성주의 인식론의 정의 ………………………………………… 71
   2) 구성주의 교수학습 ……………………………………………… 75
   3) 시각디자인교육에 적용 가능한 구성주의 학습모형 ………… 77
2. e-러닝 기반 시각디자인교육을 위한 협력학습 ……………… 91
   1) 협력학습과 협동학습의 개념 …………………………………… 91
   2) 협동학습의 유형 ………………………………………………… 94
   3) e-러닝 기반 협력학습의 교육적 효과 ……………………… 110

Ⅳ. e-러닝 기반 시각디자인교육에서 "디자인 문제해결
   프로세스에 의한 협력학습(CLDP)" ＊＊＊ 119
1. 디자인 문제해결 프로세스 …………………………………………… 120

2. e-러닝 기반 "시각디자인교육에서 디자인 문제해결 프로세스에 의한
　 협력학습(CLDP)" 모형 개관 ·· 128
　　1) 학습의 준비단계 ·· 132
　　2) 학습의 수행단계 ·· 132
　　3) 학습의 평가단계 ·· 144
3. "디자인 문제해결 프로세스에 의한 협력학습(CLDP)" 실행 ········· 145
　　1) 학습의 준비단계 ·· 146
　　2) 학습의 수행단계 ·· 147
　　3) 학습의 마무리단계-최종작업 게시 ································ 158

Ⅴ. 연구모형의 평가 및 연구결과 * * *159
　1. 연구 설계 및 절차 ··· 161
　　1) 연구문제와 가설 ·· 161
　　2) 연구절차 ·· 163
　2. 연구대상 ··· 165
　3. 분석방법 ··· 167
　　1) 디자인 과제평가도구 ·· 167
　　2) 설문조사 내용 ·· 176
　4. 연구결과 ··· 177
　　1) 예비조사 ·· 177
　　2) 예비조사 결과 ·· 179
　　3) 본 조사 ·· 185
　　4) 본 조사 결과 ·· 189

Ⅵ. 결론 * * *203

참고문헌 * * *207

부록 * * *214

I

서 론

1.
연구의 필요성 및 문제 제기

21세기는 정보통신 기술의 비약적인 발전으로 교육의 패러다임도 변화되고 있다. 과거 교수자[1]의 지식전달 위주의 주입식 교육방식에서 멀티미디어를 활용하는 학습자 중심의 교육방식으로 변하고 있다. 산업사회에서 교육을 학교와 교실에서 이루어지는 체계화된 일련의 과정으로 이해하였다면, 정보화시대의 교육은 학습자들이 언제, 어디서나, 누구나 학습할 수 있는 활동으로 변하고 있고, 지속적인 학습을 통하여 자기계발을 해야 하는 평생교육의 시대[2]로 접어들고 있다. 이와 같이 평생교육의 실현을 위한 정보통신 기술과의 접목은 e-러닝 (전자학습, 온라인교육, 사이버교육: 이하 e-learning이

---

1) 일반적으로 가르치는 사람을 뜻하는 강사(lecture), 교사(teacher), 교수(professor)를 지칭하는 용어로 학습자와 대비되는 교육공학적인 의미로 사용함.
2) 21세기 사회는 평생직장의 개념이 사라지고 평생직업 개념으로 변하고 있으며, 학벌 위주의 사회가 실력 위주사회로 변화되고 있다. 또한 지식의 생명 주기가 짧아짐에 따라 끊임없이 새로운 지식과 기술을 습득하는 등 자기계발을 하지 않고서는 자신의 경쟁력을 유지하기 어렵기 때문에 재교육과 평생교육을 통해 부단한 재충전이 이루어져야 한다. (교육부, 정보화백서, 2004, p.286)

라 함)을 급속도로 발전시키게 되어 2001년 3월에는 온라인 강의만으로 학사학위를 인정하는 사이버대학도 탄생하게 되었다.

우리나라에 디자인이 처음 도입된 것은 일본 식민주의 시대인 1940년대부터이고, 1970년대 경제성장과 더불어 시각디자인교육이 정착되었다. 정보미디어의 발전은 70년대의 인쇄매체, 80년대의 방송매체, 90년대 디지털매체를 기반으로 시각디자인교육의 내용과 전달방식을 변화시켰다. 또한 80년대 중반 컴퓨터의 보급, 90년대 인터넷과 멀티미디어의 도입은 디자인의 영역변화와 디자인 도구 및 디자인교육방법의 변화를 가져왔다. 현재는 정보통신기술과 네트워크의 발전으로 디자인교육에 있어서도 사이버 공간을 활용한 e – 러닝과 혼합형 수업(Blended Learning)[3] 환경이 도입되어 디자인교육의 다양성과 융통성 및 교육의 새로운 형태를 실현가능하게 하고 있다.

2006년 현재, 국내 17개 사이버대학 중 15개 대학에서 디자인 관련학과가 개설되어 있고 오프라인 대학의 디자인학과에서도 혼합형 수업형식으로 e – 러닝을 도입하고 있다. 이제 디자인교육에 있어서 e – 러닝은 학습의 부가적 가치를 제공하는 수단으로서 뿐만 아니라, 디자인교육의 목표를 실현시킬 수 있는 주요한 도구로 활용되고 있다. 이와 같이 정보화시대 교육 패러다임의 변화는 시각디자인교육에 있어서도 교육의 내용과 방법에 대한 패러다임의 전환을 요구하고 있다.

하지만 아직까지도 시각디자인 분야에서의 e – 러닝은 면대면(Face-to-Face)교육[4]에 비해 학습효과와 질을 생각할 때 효율적이지 못하다고 생각하는 것이 일반적이다. 그 이유는 첫째로, 다른 학문분야와 달리 조형감각의 육성과 표현을 통한 창의력 위주의 실기교육이 e – 러닝으로 가능하겠는가 하는 것이고, 둘째는, 면대면 교육에서의 교육방법이 몰입도가 상대적으로 높기 때문에 훨씬 효율적이라고 생각하기 때문이다. 셋째는, 온라인 강의 유형을 다

---

3) 최근 원격교육체제의 새로운 패러다임으로서 e – 러닝의 장점을 극대화하고 전통적인 면대면 교육의 장점을 결합시켜 학습효과를 최대화 하고자 하는 교육방식이다.
4) 교재만을 가지고 하는 전통적인 교육방식이 아닌 매체 기반 학습을 기반으로 한 교육으로 정의하며, 학습자와 교사가 같은 공간, 같은 시간에 교육이 이루어지는 것을 뜻한다.

수의 학습자에게 지식을 일방적으로 전달하기 위한 매체로만 활용하려는 선입관을 가지고 있기 때문이다.

그러나 이와 같은 일반적인 생각은 정보통신 기술의 발달과 e-러닝이 가지고 있는 잠재력을 충분히 이해하지 못한 입장이라고 할 수 있다. 인터넷과 네트워크 기술의 발달로 시간과 공간의 구별 없이 인터넷의 접속이 가능한 유비쿼터스 시대가 되었고, 차별화된 기술과 플랫폼으로 e-러닝 기반기술은 발전을 거듭하고 있다.

시각디자인교육에 있어서도 e-러닝 기반기술은 지식의 전달방식과 커뮤니케이션의 방법을 바꾸며, 멀티미디어를 활용한 디자인 학습이 가능한 환경을 제공하고 있다. 용량을 많이 차지하는 디자인실습 동영상 강의도 부담 없이 실시간으로 볼 수 있는 네트워크 기술이 구축되었고 오프라인 강의실과 같은 실제적인 강의실 구현이 가능한 학습지원시스템(LMS: Learning Management System)[5]이 구현되어 있다. 또한 e-러닝을 위한 학습지원 시스템은 많은 시행착오를 거치면서 교수자나 학습자의 요구사항을 반영한 기술적 지원이 가능하게 되었고, 디자인교육의 특수성을 감안한 특화된 서비스의 구축이 가능하게 되었다. 따라서 과거에는 생각하지 못했던 디자인교육 유형이 대학이나 평생교육기관 등의 고등교육 분야의 e-러닝 환경에서 자리 잡아가고 있다.

그렇다면 e-러닝 환경에서 디자인교육을 어떻게 하면 면대면 교육만큼 또는 그 이상으로 학습의 효과와 질을 높일 수 있을까?

가장 중요하게 고려되어야 할 점은 다음과 같이 세 가지로 요약할 수 있다.

첫째, 디자인교육의 특수성인 실습교육 환경이라는 점을 반영하여 기존의 면대면 강의에서 교수자 중심의 교수-학습 방법과는 구분되는 별도의 교수

---

5) LMS란 오프라인에서 일어나는 학사관련 업무들을 온라인에서도 똑같이 할 수 있도록 구현해 놓은 학사운영관리시스템을 말한다. 다시 말해 오프라인에서 학생이 자기가 원하는 과목을 수강신청하고 교실에 찾아가서 수업을 듣고, 시험을 치고, 그에 따른 평가를 받고, 성적 확인을 하는 등 모든 학사 관련 업무를 온라인에서 할 수 있도록 한 시스템을 말한다.

전략과 학습 전략을 세워야 한다.

둘째, 시각디자인교육의 목표를 달성할 수 있어야 한다. 교육매체가 변한다고 하더라도 디자인의 교육목표는 변함이 없다. e-러닝 기반의 시각디자인교육에서도 디자인교육의 목표는 사물을 인지하는 방식, 창의력과 상상력 개발, 체계화된 문제해결 능력, 윤리의식 그리고 디자인 문제해결을 위한 기초자질과 잠재력을 키우는 데 있으므로 이를 실행할 수 있어야 한다.

셋째, 21세기 지식정보화시대에 적합한 디자인 학습유형을 설정해야 한다. 시각디자인 작업은 여러 분야의 접목과 협업으로 이루어지는 경우가 많으므로 개별과제의 실습과 함께 팀을 이루어 협력으로 이루어지는 작업을 통해서 디자인 프로젝트를 완성하는 협력학습은 절대적으로 필요한 학습유형으로 볼 수 있다.

위와 같은 내용들을 고려하였을 때, 디자인 학습에 대한 의욕을 고취시키고 학습참여도를 높이기 위해서는 구성주의 학습모형 중 하나인 협력학습[6] (Collaborative Learning)이 효과적일 수 있다. 협력학습(협동학습, 팀 프로젝트 이하 협력학습이라 함.)은 교육학 분야의 여러 교과목에서 효과적인 학습 방법으로 70년대부터 연구되어 왔다. 주로 면대면 교육 환경에서, 전통적인 수업방식이 가지고 있는 문제점에 대한 해결 방법이자 효과적인 학습 방법으로 지속적으로 연구되어 왔으며, 90년대 이후부터는 e-러닝 기반의 협력학습이 연구되기 시작하였다. 협력학습은 전통적인 학습 구조인 경쟁학습 구조와 개별학습 구조의 한계를 극복하고 지식정보화 사회에서 필요로 하는 사고력과 문제해결력, 창의력 등 고차원적 정신기능과 남을 배려하고 함께 문제를 해결해 나갈 줄 아는 인성을 길러내기 위한 교수학습 방법이다.

e-러닝 기반의 시각디자인교육에서 협력학습은 많은 장점을 가지고 있

---

6) 협력학습은 학습자 개인의 학습목표와 전체 학습자들의 공동목표가 동시에 최대로 성취될 수 있도록 학습자 간의 상호작용과 역할 보완성, 협력을 활성화시키려는 교수-학습 방법의 하나이다. 이 교수법은 현재와 같은 고도의 경쟁심을 조장하는 전통적 교수환경에서 학습자들이 느끼는 소외감이나 적대감을 해소하는 데 큰 역할을 할 수 있는 교수법으로 간주되고 있다.

다. 온라인상에서 학습 과제를 여러 명의 학생들이 공동으로 해결하는 e-러닝 기반의 협력학습은 학생들의 자발적인 참여를 유도하면서, 지식의 단순 수용능력이 아닌 지식을 활용하고 창출할 수 있는 능력을 갖춘 인재 육성을 위한 새로운 교육방식으로 주목받고 있다. 또한 디자인교육에서 가장 중요시되는 창의적 아이디어 개발, 디자인의 논리적 전개, 설득력 있는 프레젠테이션 방법 등은 교수와 학생 간, 학생과 학생 간의 끊임없는 아이디어의 교환 및 토론 과정을 통해 개발될 수 있다.

특히, 시각디자인교육에서의 협력학습은 학습자들이 팀원들과 디자인 결과물 산출을 위해 아이디어를 함께 모색하고 상호작용의 과정을 통해 디자인 실습과제를 해결해 나감으로써 학습목표에 도달하게 하는 수업방법이다. 그러나 학습자들을 소집단으로 묶어 놓는 것만으로 공동의 목표를 인식하고 긍정적으로 상호작용하여 효과적인 학업성취가 이루어지는 것은 아니다. 학습자들이 협력학습을 통해 지식과 시각화된 아이디어를 확인하고 비판적으로 검토하여 문제점을 발견할 수 있게 해 주며, 자신이 작업한 결과물을 다른 관점에서 비추어 보는 고도의 사고능력을 배양하여 효과적인 디자인 실습이 될 수 있도록 협력학습 전략과 디자인 실습 환경의 조성이 무엇보다 중요하다.

이와 같이 협력학습의 필요성과 그 학습효과에 대해서는 많은 연구가 진행되어 왔지만 디자인교육과 관련된 협력학습이나 e-러닝 기반의 협력학습 중 시각디자인교육에 관한 연구는 찾아보기 어렵다. 이에 본 연구자는 온라인대학교에서 6년째 재직하면서 시각디자인교육의 목표인 창의력과 문제해결능력을 키우면서도 온라인의 단점인 고립감을 해소하고 참여를 유도하여 학습자 간의 결속력을 높일 수 있는 방법은 없을까에 대한 연구의 필요성을 인식하게 되었다. 이에 따라서 e-러닝 기반의 시각디자인교육에서 "디자인 문제해결 프로세스에 의한 협력학습(CLDP: Collaborative Learning for Design Problem-solving Process 이하 CLDP라고 함)"을 연구모형으로 설정하고, 연구모형을 실행한 다음 그 교육적 효과를 인지적·정의적[7] 측면에서 검증하여 추후 e-러닝 기반의 시각디자인교육에 활용하고자 한다.

2.

연구의 목적과 방법

본 연구의 목적은 e-러닝 기반의 시각디자인교육에서 효과적인 학습유형으로 디자인 문제해결 프로세스에 의한 협력학습을 가정하고 이를 위한 디자인 실습 모형을 개발하여 학습자에게 적용하고 그 효과를 검증하는 데 있다. 즉, 본 연구의 목적은 e-러닝 기반의 시각디자인교육에서 디자인 학습에 대한 학업성취도를 높이고 학습참여도를 높이기 위한 효과적인 교육방법론을 도출하고자 하는 것이다.

본 연구는 다음과 같이 세 가지 연구방법으로 진행되었다. [그림 1-0]

첫째, 문헌연구이다. 교육의 이론적 고찰인 인식론의 변화와 구성주의, 협력학습, 디자인교육, e-러닝 등에 관련된 서적, 논문, 저널 자료를 수집하여 본 연구의 이론적 토대를 마련하였다.

둘째, e-러닝 기반의 시각디자인교육용 협력학습의 모형개발과 실행 및 효과 측정이다. 본 연구의 타당성을 높이기 위하여 H온라인대학교의 디지털

---

7) 인간은 다양한 심리적 특성을 가지고 있다. 이러한 특성에는 **지식이나 기술**과 같은 **인지적 특성**뿐만 아니라 개인의 태도, 흥미, 자아 개념, 동기와 같은 정의적 특성도 있다. 인지적 특성은 주로 지적 측면을 강조한 사고방식이고 정의적 특성은 **감정이나 정서**와 관련된 것으로서 비인지적이다. 말하자면 **정의적 특성**은 개인이 자신의 감정을 느끼고 표현하는 방법이다. 학교교육의 상황에서 추구되는 교육목표는 인지적 영역, 정의적 영역, 운동기능적 영역의 세 가지로 대별된다. (김진희, 주제별 교육학 용어사전, 지구문화사, 2005)
　　Keefe는 학습양식을 인지적 양식, 정의적 양식, 생리적 양식으로 구성된다고 하였다. 인지적 양식은 정보의 처리과정에 영향을 미치는 인지양식을 포함하는 수용양식, 개념을 형성하고 저장하는 과정과 그 복잡성의 정도로 구성하였다. 정의적 양식은 주의집중 양식과 기대 및 동기 양식으로 설명하고 있다. (김은정, "학습양식의 유형 및 구성요소와 교육과정과의 관계에 대한 연구", 연세대학교 대학원 박사학위논문, pp.32-33 요약)

미디어디자인학부 1학년을 대상으로 연구집단과 통제집단으로 피험자를 선정하고 2006년 1학기 전공교과목인 D교과목에서 본 연구모형인 "디자인 문제해결 프로세스에 의한 협력학습(CLDP)"을 실행하였다. 본 연구모형의 실행 전과 실행 후 인지적, 정의적 측면에서 어떤 효과가 있었는가에 대하여 작품 평가 툴과 설문을 통해서 분석하였다.

셋째, 심층면담(debriefing)을 활용한 전문가 자문 방법이다. 현재 사이버교육 경험이 많은 사이버대학 5곳의 디자인학과 교수 7인을 대상으로 심층면담을 실시하여 협력학습에 대한 예비조사를 하였다. 또한 본 조사 후에는 연구집단과 통제집단의 학습자 각 5명을 대상으로 심층면담(debriefing)을 실시하여 설문의 내용을 보충하였다.

[그림 1-0] 연구의 구성도

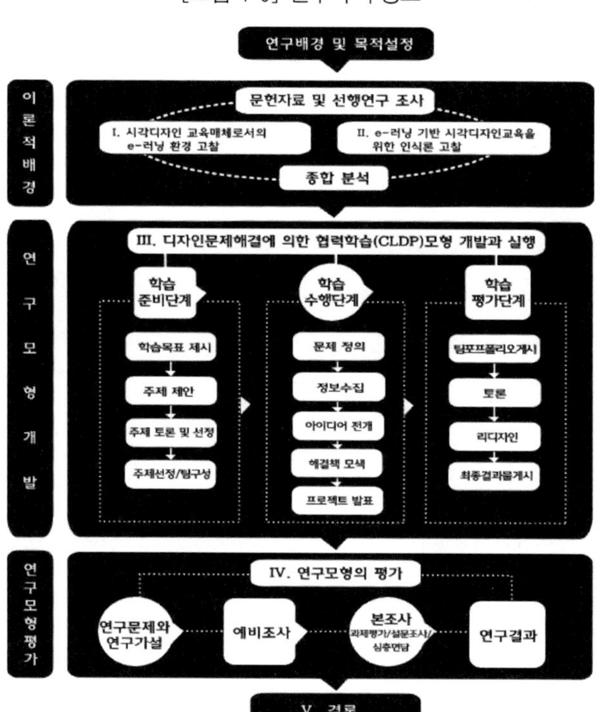

3.
연구의 내용

서론에서는 연구의 목적과 연구의 방법 및 내용을 기술하였다.

Ⅰ장에서는 디자인교육매체로서의 e-러닝 환경에 대해 고찰하였다. 21세기 지식정보화 사회에서 디자인의 개념 및 디자인 패러다임의 변화를 살펴보고 e-러닝 환경이 디자인교육에 어떻게 활용되고 있는지를 살펴보았다.

Ⅱ장에서는 e-러닝 기반 시각디자인교육에서 학습모형을 어떻게 적용할 것인지에 대한 이론적 배경이 되는 구성주의 인식론과 협력학습의 유형과 효과에 대하여 논하였다.

Ⅲ장에서는 디자인 문제해결을 위한 e-러닝 기반 협력학습모형 개발과 실행에 대한 장으로 본 연구자의 개발모형에 이론적 배경이 되는 디자인 문제해결을 위한 일반적인 프로세스를 고찰하였다. 구성주의 학습이론과 디자인 문제해결 프로세스를 종합하여 연구모형을 개발하고 전개방법의 특성과 내용에 대한 개관과 함께 구체적인 실행과정을 다루었다.

Ⅳ장에서는 연구모형의 개발과 실행에 대한 실증연구로써 H온라인대학교 디자인 전공 교과목에서 학습자를 대상으로 하여 예비조사와 본 조사를 실시하였다. e-러닝 기반의 시각디자인교육에서 본 연구모형(CLDP)의 효과를 검증하기 위해서 예비조사와 본 조사를 실시하였고 이에 대한 과정과 결과를 기술하였다.

Ⅴ장 결론에서는 본 연구모형(CLDP)의 효과 검증 결과와 피험자들을 대상으로 하는 심층면담으로 본 연구에 관한 결론을 도출하였다.

II

시각디자인교육 매체로서의
e-러닝 환경

21세기 정보화시대, 지식기반시대는 인터넷과 정보기술의 발전에 따라 전 세계적으로 e-러닝이 새로운 교육 패러다임으로 등장하고 있다. e-러닝은 인터넷을 기반으로 지식과 정보에 접근하여 학습 활동 및 자원을 전달하는 활동이다. 즉, 학습자와 교수자간에 물리적, 시간적인 거리를 두고 컴퓨터 통신망을 매개로 양방향 커뮤니케이션이 이루어지는 교수학습 활동이다. 이 장에서는 e-러닝 기반의 시각디자인교육이 어떻게 발전하게 되었는지에 대한 패러다임의 변화와 e-러닝 기반의 콘텐츠 개발 방법론을 기술하였다.

1.
e-러닝 기반의 시각디자인교육

1) 디자인 패러다임의 변화

디자인은 인류의 탄생과 더불어서 시작되었지만 의식적인 디자인 활동은 산업혁명 이후부터 본격적으로 시작되었다고 볼 수 있다. 생산과정이 분업화, 기계화, 자동화되고 대량생산을 위한 아이디어를 구체화 하면서 디자인 개념은 성립되기 시작하였다.

산업혁명 이후 영국을 중심으로 근대디자인 운동이 일어나 근대적 의미의 디자인 개념이 태동되면서부터 현재에 이르기까지 디자인은 미술로서의 디자인에서 출발하여 생산기술로서의 디자인 시대를 거쳐, 과학으로서의 디자인, 디자인 과학의 개념으로 진화하였고, 문화생산자로서의 디자인 시대, 그리고 사회가치로서의 디자인으로까지 변하게 되었다.[8] 디자인은 순수하게 아름다움만을 추구하는 예술과는 달리 기능을 먼저 생각하여야 하며, 시각적으로 아름다울 뿐만 아니라, 생활과 직결되어 인간에게 행복을 주어야 한다. 따라서 형태(form)는 예술에 기초를 두고 기능(function)은 과학에 기초를 두는 통합적인 것이 디자인이라고 할 수 있다.[9]

특히 시각디자인 분야는 문명사의 변천과정 속에서 산업사회의 인쇄미디어 중심의 디자인에서 정보화시대의 멀티미디어로 변모되면서 그 영역과 역할이 변화되었다. 디자인의 주체이며 객체인 인간과 사회 문화가치가 변화됨에 따라 디자인 패러다임도 변화되고 있는 것이다. 마샬 맥루한이 '미디어는 메시지다'[10]라고 선언한 바와 같이 디지털미디어는 인간의 커뮤니케이션 방식만을 바꾸는 것이 아니라 인간의 생각과 말과 행동을 변화시키고 있다. 또한 디지털미디어는 디자인의 표현방법의 변화뿐만 아니라 디자인 영역의 변화와 디자인교육 및 디자인의 사회문화적 가치를 변화시키고 있다.

디자인의 분류에 있어서도 [그림 1-1]과 같이 과거에는 산업사회에서 활용되는 매체를 중심으로 시각디자인, 제품디자인, 환경디자인의 분류로 나눌 수 있었으나 현재에는 디지털 미디어를 활용하는 인터랙션을 중심으로 그

---

8) 육호영, "문제해결 프로세스를 통한 디자인 창의성 교육 콘텐츠 개발", KIDP, 2004. 내용 수정.
9) 임연웅, 『디자인 방법론 연구』(서울: 미진사, 1992), p.9.
10) 마샬 맥루한, 박정규 옮김, 『미디어의 이해』, (서울: 커뮤니케이션북스, 2001), p.23.

관계성에 따라 분류할 수 있다. 따라서 인터페이스디자인, 정보디자인, 엔지니어링디자인 등의 분류개념이 파생되고 있다.

[그림 1-1] 디자인의 분류 변화[11]

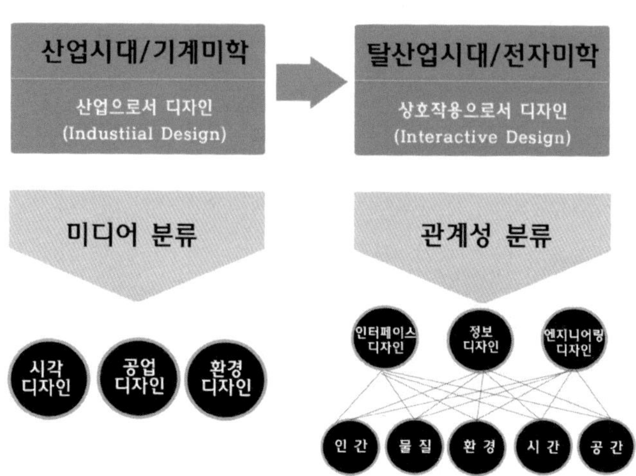

디지털디자인은 디자인의 대상이 디지털매체이거나 디자인의 도구가 디지털매체인 경우를 모두 포함하는 것으로 확산성, 복잡성, 개체성, 가상성이라는 디지털의 특성을 지니는 디자인을 의미한다.[12] 과거 디자인은 인더스트리얼 디자인, 비주얼커뮤니케이션 디자인이라는 대상으로 분류되어, 디자인의 대상이 되는 형상과 시각적인 요소가 연구되는 그 기회적인 의미부여 등이 중심적인 문제였다. 그러나 디지털 환경을 전제로 한 디자인에서는 인간 대 인간에 있어서의 정보 전달 과정과 인간이 사물을 형성해 가는 과정 속에서, 인간 대 컴퓨터 및 컴퓨터 대 컴퓨터(Human Computer Interaction)와의 커뮤니케이션 과정에 매개되고 종래의 디자인 영역에서 일반적으로 다루어

---

11) 강현주, "한국디자인교육의 현황과 과제", 디자인교육, 2001, p.5.
12) 정경원, "21세기형 국가디자인 육성전략 및 지원체제에 관한 연구", 산업자원부, 1999, p.20.

지지 않았던 이러한 전달과정에 대한 문제가 나타나고 있다.[13]

과거 반세기 동안 어느 기술 분야보다 정보기술(IT: Information Technology)은 급속도로 꾸준히 발전하면서 정보 사용자의 입장에서 컴퓨터 및 통신기술을 활용할 수 있는 콘텐츠의 중요성이 더욱 부각되고 있다. 정보기술의 발전은 디자인의 패러다임에도 커다란 변화를 주고 있는데 이를 다음과 같이 다섯 가지로 요약할 수 있다.

첫째, 산업사회의 디자인이 기능중심의 인간공학을 중시했다면 디지털시대의 디자인은 인간심리와 감성공학을 중시하는 사용자 중심의 창의적인 디자인을 필요로 한다.

둘째, 산업사회에서 디자인은 물질적 가치를 추구하는 대량생산과 디자이너 중심의 디자인이었다면 디지털 시대의 디자인은 디지털 미디어의 활용으로 디자인의 주체는 '디자이너'가 아니라 '디자인 소비자'로 변하고 있다.

셋째, 생산방식도 대중을 위한 대량생산 방식에서 소비자가 중심이 되는 다품종 소량생산 또는 주문자 생산 방식으로 변화되고 있다. 과거에는 소비자가 기능적인 디자인을 선택하였다면 오늘날에는 기능은 대부분 비슷하기 때문에 자신의 상징과 개성을 표현하기 위한 기호적인 소비패러다임으로 변하고 있기다. 그러므로 디자인도 다원화되고 있다.

넷째, 디자인영역에 있어서 시각디자인 분야는 인쇄매체에서 디지털미디어로 매체가 이동되면서 가상공간에 대한 영역이 추가되어 정보디자인, 인터페이스디자인, 영상디자인의 비중이 높아지고 있다.

다섯째는 디자인의 영역 간 경계구분이 모호해지고 다학제 간의 연구가 필요하게 되었다. 울프강 요나(Wolfgang Jonas)는 디자인을 "예상적(anti-cipatvie), 자생적(generative), 사용자 중심적(use-oriented), 통합적(inte-grative), 그리고 맥락에 민감(context-sensitive)하다"고 정의한 바와 같이 디자인의 패러다임이 변화

---

13) Genda Etsuo, "미디어 테크놀로지의 발전과 디자인의 교육", 지역사회, Vol.2002, No.3, (사)한국지역사회연구소, 2002, p.120.

되면서 디자인 연구의 특성 또한 학문 간의 경계를 허물거나, 학제적 연구를 추구하는 디자인 담론으로 발전된다.[14] 또한 홀트(Holt)에 의하면, "브랜드와 미디어 그리고 제품 디자인 분야인 인쇄, 가상공간 그리고 환경디자인이 함께 접합되어 다중작업화(multitasked)되고 다학제 간(multidisciplinary)의 프로젝트가 성립된 것은 불과 몇 년 전만 하더라도 드문 일이었던 것이 빠르게 표준이 되고 있다"[15]고 하였다.

이제는 디자인을 특정 직업, 특정 분야를 지칭하는 한정된 의미로 사용하기보다는 예술, 과학기술, 인문, 사회과학 등 기존의 학문영역들의 경계와 한계를 넘어 21세기 지식정보화 사회가 요구하는 통합된 미래지향적 지식체계와 문화를 개척하는 키워드로 이해하려는 시도들이 속속 등장하고 있는 것이다.[16]

디자이너는 그리거나 만드는 시간과 노력을 다른 곳(창조적 사고를 통한 콘텐츠)에 집중시켜야 될 상황이 된 것이다. 아울러 과거의 디자이너는 번득이는 창조성과 직관에 의한 천재성에 연유하는 감각적인 조형기술을 필요로 하였으나, 이제는 국제화된 네트워크 사회에서 쉽고 빠르게 접할 수 있는 각종 정보와 지식을 어떻게 새로운 가치를 갖도록 가공 합성해야 하는, 복합적이고 체계적인 종합기술을 필요로 하게 되었다.[17] 이러한 통합적 환경에서 디자이너는 여러 분야를 융합하고 통합하기 위한 저널리스트적인 전문성이 요구되어진다. 즉, 과거에는 조형적이고 시각적인 아름다움을 만드는 것이 디자이너의 전문성이었다면, 디지털시대의 디자이너는 해결해야 할 문제

---

14) 권은숙, "온라인 디자인교육을 위한 인식론적 고찰", 디자인학연구 49권, 2002. 11, p.34.
15) Holt, S. S., *Beauty and the Blob: Product Culuture Now*, in Alberecht, D., Luption, E., & Holt, S. S., *Design Culture Now: National Design Triennial* (New York: Princeton Architectural Press), pp.21-24.
16) 강현주, 「영상 이미지 시대의 디자인」, 『디자인사 연구』, (서울: 조형교육, 2004), pp.191-192.
17) 민경우, "미래 사회에서 디자인교육 방향에 관한 연구", 『디자인학연구』 통권 51호 Vol.16, No.1, p.216.

의 주제에 따라 다른 전문 영역을 통합하여 아름다운 예술과 바람직한 문화로 승화시키는 종합적인 전문가가 될 수 있어야 한다.[18] 따라서 디자이너의 능력 중 창의성 개발과 함께 다양한 주제에 대한 기획능력, 여러 영역을 통합할 수 있는 분석적 사고력, 사용자와 환경을 고려할 수 있는 측면 등의 디자인 종합화 능력이 요구된다.

2) 대학의 디자인교육의 변화

현대디자인교육의 원형이 되었던 바우하우스의 교육은 건축을 포함한 디자인의 전 영역에 큰 영향을 끼치며 현대 디자인 양식을 창조하였다. 바우하우스의 디자인교육은 모더니즘적인 방법이 발전되어 시각 원리를 정립하게 되었고, 사회문화적 면에서는 순수미술과 응용미술 사이의 벽을 허물어 디자인을 통해 예술과 삶의 관계를 밀착시키는 데 큰 공헌을 하였다.[19]

바우하우스를 현대디자인교육의 원점으로 보는 것은 디자인을 단순히 문화 예술적 차원에서의 문제가 아닌 긴요한 국가 경제 발전과 산업 발전을 위한 현실적인 문제로 인식하였기 때문이다.

우리나라에서의 디자인은 문화선진국들이 산업사회로 발돋움하고 있을 때 유교사상과 조선말기의 쇄국정책 등으로 선진 서구 문명의 도입을 저해시켰고 일제 통치하에서 민족자본이 부족하고 교육기관 설립의 어려움을 겪는 등 문화공백기를 겪어야 했다. 1960년대까지는 외관상의 장식을 담당하는 도안의 개념이 강하였고 1970년대에 와서야 공업화, 산업화의 영향으로 전문디자이너로써 인정받기 시작하였다. 1980년대는 신흥공업국으로 진입하면서 산업사회로 도약하여 디자인의 역할이 확대되나 양적 팽창에 비하여 질

---

18) 이순종, "디자인 산업과 교육, 그리고 사회", 『월간디자인』, 99. 2월호, p.202.
19) 원유홍, 『커뮤니케이션디자인사』, (서울: 도서출판정글, 1998), p.137, 내용 일부 수정

적으로 부족한 편이었다.

1990년대 이후 가속화된 컴퓨터와 인터넷 등 정보통신 기술의 발달로 인해 대기업이나 디자인 에이전트/컨설턴트에 고용된 디자이너가 아니라 독립된 프리랜서 디자이너로서 활동하는 계층이 점차 늘어가고 있다. 현재 우리나라의 디자인교육이 안고 있는 문제점은 디자인 산업구조가 이미 교수-디자이너, 고용디자이너 중심에서 디자인 에이전트/컨설턴트, 독립 디자이너 중심으로 재편되었음에도 불구하고 대학에서의 교육내용과 형식은 이전의 방식과 크게 달라지지 않았다는 데 있다. 따라서 현재 디자인교육에서 필요한 것은 대학교육의 특수성을 반영한 대학 본연의 교육, 연구모델을 개발하는 것이라 할 수 있다.[20]

① 정보화시대에 적합한 창의성 개발

과거 산업사회에서의 디자인 패러다임은 21세기 지식정보화시대로 변화됨에 따라 디자인의 패러다임도 변화되고 있으며 그에 따라서 디자인교육도 변화되어야 한다. 디자인은 인간의 생활을 질적으로 향상시키고 사회 문화의 발전과 기업의 성공을 이끌어내는 데 있어 매우 중요한 요인으로 작용한다.

디자인교육은 기능, 구조, 재료 등 물품에 관한 공학적 이해와 분석 그리고 합리를 추구하는 과학적 태도를 지향하고 형태, 색, 재질에 대한 미적 감각과 조형력을 신장시켜 통일적 창조성을 기르며, 더 나은 사물과 환경 그리고 인간과 사회를 커뮤니케이션 하도록 하는 것이다. 이러한 디자인교육의 원천적 이념은 점차 다원화되어 가는 전문 산업사회 속에서 발생되는 제반 문제들을 창조적인 해결 방식으로 풀어갈 수 있는 능력을 갖춘 전문인을 양성하는 데 있는 것이다. 따라서 디자인교육의 목표는 사물을 바라보는 방식, 창조적인 상상력, 체계화된 문제해결 방법, 윤리의식 그리고 디자인 문제를

---

20) 강현주, 같은 책, p.4. 요약.

해결할 수 있는 기초적인 자질과 잠재력의 함양에 두어야 할 것이다.[21] 21
세기에 들어서면서 디자인이 고부가가치를 창출하기 위한 수단이라는 것에
대한 이해와 함께 디자인교육에 관한 관심과 인식이 과거 어느 때보다 강조
되고 있다. 이와 같은 시대적 요구에 따라 현대 교육의 과제는 정보화 사회
에 적응할 수 있는 자율적이고 창의적인 인간을 육성하는 것이며, 각 학생
의 타고난 재능과 잠재능력을 충분히 발휘시킬 수 있도록 하는 것이다. 더
불어 디자인교육도 기존의 지식과 실기 위주의 학습이 아니라 학습자의 잠
재능력과 자유로운 사고를 개발하여 창의적인 아이디어를 생산하고 나아가
시각화 능력을 발달시킬 수 있는 열린 교육으로의 전환이 필요하다. 디자인
교육의 목적은 사물을 관찰하고 분석하는 능력과 예술적 감수성, 상상력, 창
의성 및 디자인 작업에 필요한 기본적 구성능력을 갖추도록 하는 데 있다.
디자인 개념을 이해하고 시각적 형태로 표현하는 능력을 기르기 위해서는
사물에 대한 관찰력과 사고 발상법을 개발해야 한다.[22]

② 통합적 문제해결 능력

지식기반사회의 출현으로 지식과 기술의 영역이 교차되고 팽창하며 급속
도로 변화하는 환경 속에서 복잡한 문제들을 폭넓은 관점에서 다룰 수 있는
능력을 지닌 디자이너들을 필요로 하고 있다.[23]
디자인이 그간 미술과 기술, 과학과 인문학, 사회와 생활 가치에 이르기까
지 다양한 분야와 접목되면서 실로 풍부한 콘텐츠를 확보하여 이제는 명실
상부한 통합적 학문분야이자 실천 영역이 된 것이다. 통합적 문제해결 능력

---

21) 한붕기, 유수상, "디자인교육에 있어서 컴퓨터 도입에 의한 변화와 발전 방안에 관한
    연구", 경북전문대학논문집, Vol.19, 2000, p.313.
22) 강현주, 같은 책, p.4.
23) Eun Sook Kwon, *A New Constructivist Learning Theory for Web-based Design
    Learning with Its Implementation and Interpretation for Design Education*, (Ohio:
    The Ohio State University Dissertation, 2004), p.28.

을 보유한 디자인은 다양한 방식으로 삶과 관계하면서 인간 누구에게나 어떤 방식으로도 도움을 줄 수 있는 가치 있는 체계로 성장하게 되었다.

특히 디자인 사고라고 하는 특유의 사고체계는 어문학적 상상력을 바탕으로 하는 창의적인 사유와 자연과학적인 수리적이고 합리성을 바탕으로 하는 논리적 사유를 순차적으로 또는 동시적으로 구사하는 사고체계이며, 특히 이 두 사고방식의 차이에도 불구하고 그 사이에서 최선의 해결책을 모색하는 통합적 사유능력이야말로 디자인 사고의 가장 정점이라고 하겠다. 게다가, 사유의 결과를 실제로 유용한 형식으로 산출해 내는 만듦(make)이라고 하는 디자인 고유의 활동영역이 더해짐으로써 실질적인 의미를 더한다고 할 것이다.[24]

그러므로 디자인 연구와 디자인 작업 간에 흐릿한 경계는 자연스럽게 팀을 이루어 팀원들과 디자이너의 더 나은 상호작용을 지원하는 팀 작업 활동을 유도하고 동적이고 협동하는 디자인 프로세스로 특성화 시킨다. 궁극적으로 디자인은 광범위한 사회적 행위가 되고, 정확한 문제정의와 최선의 해결책을 모색하기 위해 모든 다양한 요구와 목표를 사회적 문화적으로 분석하고 연구하고 상세히 처리하는 프로세스가 되었다.[25]

디자인교육은 현실에 바탕을 두면서 경직된 틀을 벗어나 유연성을 가지고 종합학문으로서의 기본인 체계화와 이를 입체적으로 연계시킬 수 있는 종합화가 이루어져야 할 것이다. 디자인교육의 방향은 문제해결 능력의 향상이라는 차원에서 다양한 경험을 통한 창조성 개발을 중심으로 이루어져야 한다. 이는 가르침에서 배움 중심으로 지식중심에서 활동중심으로, 결과중심에서 과정중심으로, 영역별 통합적 능력과정으로 이루어져야 한다.[26]

과거의 디자인교육은 디자인을 매체별로 분류하여 각 영역의 전문 인력을

---

24) 육호영, 같은 책, p.155.
25) Nabarro, R., *The Future and the Future of Design Education*, ICSID Educational Seminar 2001 Proceedings, p.24.
26) 장지연외 3인, "어린이디자인교육프로그램 연구", 디자인학연구, 한국디자인학회, 2004. 5.

배출하는 것이었지만 정보화시대, 지식기반 사회에 있어서 매체나 디자인 툴을 통한 분류와 이에 따른 교육방식으로는 더 이상 적합하지 않다고 할 수 있다. 현재 사회는 다양한 성격의 디자인 전문가를 필요로 하고 있고 이러한 디자인 전문가를 배출하기 위한 새로운 디자인교육프로그램의 마련이 시급한 상황이다.[27]

③ 다양한 디자인교육 프로그램 개발

현재 국내의 디자인교육은 제도상 전문 디자이너를 양성하는 전문교육과 일반 교육으로서 조형 감각의 육성과 그 표현을 통한 창의력 양성을 목적으로 행해지는 교육으로 분류되며 전자는 전문교육 기관에서, 후자는 초, 중, 고등학교의 미술 과정에서 이루어지고 있다.[28] 1990년대를 전후로 산업사회에서 정보화 사회로 변화되면서 디지털미디어의 발전으로 디자인의 학문 분야도 학제적 연구의 특성과 교육의 다변화에 대한 요구가 높아지고 있다. 21세기는 문화와 지식, 정보화시대로 과거 어느 때보다 고도의 기술을 필요로 하며 많은 양의 정보를 대하고 있어 단순지식과 획일적인 교육으로는 이 시대를 살아가기 어렵다고 할 수 있다. 이제 정보화시대를 지나 문화가 중심이 되는 문화의 시대라고 흔히 이야기한다. 문화의 시대에 핵심 키워드는 디자인이다. 디자인은 21세기의 화두이자 국가 경쟁력을 키울 수 있는 비전을 제시하는 학문 분야로 대학에서의 디자인교육은 디자인 전공자는 물론이고 비전공자에게도 관심 분야로 대두되고 있다. 또한 디자인교육은 다양한 문화와 인간, 사회, 환경 등 여러 학문 분야에 대한 통합적인 교육이 이루어져야 하는 분야이다. 따라서 대학의 디자인교육에 있어서는 디자인 전문가를 양성하기 위한 교육은 더욱 세분화, 전문화 되어야 할 것이다. 21세기 문화의 시대에 디자인은 여러 학문 분야와 연계되어 있을 뿐만 아니라 디자인을 소비하

---

27) 강현주, 같은 책, p.4.
28) 한국직업능력개발원, "한국디자인교육의 실태 조사 연구", 1998, p.15.

고 문화를 향유할 수 있는 주체가 디자이너가 아니라 일반인이기 때문에 체계적인 디자인 교양교육 프로그램의 개발도 절실히 요구된다.

④ 체계적인 교수설계 이론과 다양한 교수학습법 개발

과거 산업사회의 디자인이 대량생산, 대량소비로 대중을 위한 기능주의 위주였다면 21세기 정보화시대의 디자인은 다양한 인간의 욕구를 반영한 다원화된 디자인으로 변화되고 있다. 따라서 과거 인쇄매체를 기반으로 하던 시대의 시각디자인교육이 실기 위주의 조형교육이었다고 하면, 오늘날 지식 정보화시대 멀티미디어를 기반으로 하는 디자인교육은 이론과 실기를 결합하여 체계적인 교수설계 이론을 수립하고, 다양한 교수학습 방법의 개발 및 e-러닝을 활용하는 학습유형에 대한 연구도 지속적으로 이루어져야 한다.

또한 디자인교육에도 정보기술의 습득과 새로운 매체의 활용 방법, 인터페이스, 소프트웨어 제작의 이해, 사이버 공간에 대한 학습이 필요하며 정보기술 관련 교과목들이 접목되고 창의력 관련 교과목이 연구되어야 한다. 교육내용 이외에도 교육방법과 교육 활용 도구도 변화하여야 한다. 새로운 교육매체의 대두는 교육방법의 변화뿐 아니라 교육내용까지도 변화시키기 때문에 시대적 패러다임의 변화에 능동적으로 대처하기 위해서는 체계적인 교수설계와 다양한 교수방법의 개발 그리고 e-러닝 기반의 디자인교육에 대한 연구도 필요하다.

3) e-러닝 기반의 시각디자인교육 패러다임

시각디자인교육에 활용되는 매체로는 [그림 1-2]와 같이 과거 칠판에서부터 현재의 멀티미디어에 이르기까지 다양한 매체가 활용되어 왔다. 디자인

교육에서 매체는 교수자와 학습자 사이의 의사소통을 가능하게 하는 수단으로 학습내용을 전달하기 위한 보조적인 수단으로 주로 사용이 되어 왔다. 과거에는 도표, 차트, 이미지에서부터 인쇄물, OHP, 슬라이드 필름, 비디오 등의 단계를 거쳐 이제는 인터넷과 멀티미디어를 활용하는 단계가 되었고 이제 인터넷은 디자인교육의 보조적인 수단으로써가 아니라 주요 매체로 활용되고 있다.

[그림 1-2] 디자인교육 매체의 변화

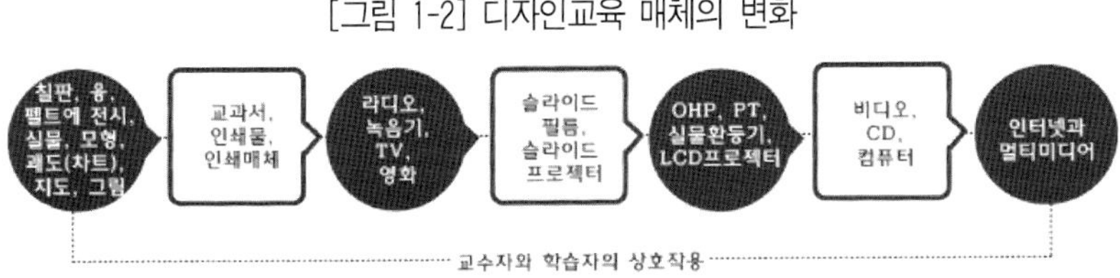

디지털 기술과 지식전달 및 공유방식, 디지털 기술을 활용하여 학습자의 학습 활동을 촉진하는 방식에 많은 변화가 일어나면서 이제까지 우리가 생각했던 교육관도 혁명적인 전환을 요구하고 있다. 이제 교육은 더 이상 학교교육이 아니며 학교라는 공식적인 제도교육의 울타리를 벗어나 언제, 어디서나, 누구나 학습 활동을 전개할 수 있는 평생학습의 시대로 돌입하고 있는 것이다. 일상적 삶의 현장이 바로 교육 현장이며 무한한 학습이 발생할 수 있는 장소로 탈바꿈되고 있는 것이다. 이러한 교육 분야에 이전에는 겪어 보지 못한 변화의 물결이 일어나고 있는 것은 디지털을 기반으로 만들어나가는 사회전반의 변화양상과 무관하지 않다. 디지털 시대에 기업은 e-Business를 통한 비즈니스 방식의 획기적인 전환을 경험하고 있는 것이며, 교육 분야에서 디지털 시대에 대응하는 전략적 대안이 바로 e-러닝으로 부각되고 있는 것이다.[29]

e-러닝 기반의 시각디자인교육은 멀티미디어를 기본으로 교육하고 있으므로 멀티미디어의 교육적 효과는 다음과 같이 두 가지로 요약할 수 있다.

---

29) 유영만, "e-Learning 산업의 현황과 발전방향", e-비즈니스 연보, KIEC, 2002.

첫째, 정보처리모형(Information Processing Theory)에서 나온 듀얼코딩(dual coding)의 원리를 들 수 있다. 정보는 한 가지 이상의 채널 혹은 코드를 통해 처리될 수 있다는 것이다. 예를 들면 하나의 채널에서 텍스트와 음성과 같은 언어정보가 처리되고, 또 다른 채널을 통해서 이미지나 소리와 같은 비언어적인 정보가 처리된다.[30] 정보처리 모형에 따르면 인간의 머릿속에 저장된 정보들은 따로따로 분리되어 존재하는 것이 아니라 서로 관계성을 맺고 상호 연결되어 네트워크의 형태를 이루고 있다.[31] 학습은 한 가지 채널만 사용할 때보다 두 개의 채널을 통해서 상호 참조적으로 처리될 때 학습이 더 효과적으로 이루어진다고 보고 있다.[32]

둘째, 언어위주의 설명식 수업을 보완하는 맥락적 학습 환경을 제공한다. 학습자는 주어지는 정보를 수동적으로 받아들이는 것이 아니라 능동적으로 정보를 처리하여 자신의 인지구조에 적합한 형태로 조직해 가는 것이다. 멀티미디어는 노드와 링크로 연결된 정보망을 제공하여 학습자로 하여금 관련된 정보를 학습하면서 주어진 정보망과 유사한 지식구조를 모델링 할 수 있도록 도움을 준다.[33]

미래의 교수-학습 패러다임은 발달된 정보통신 기술을 기반으로 학생들은 다양한 통로를 통하여 필요한 지식과 경험에 쉽게 접할 수 있게 되어 자신의 학습에 대하여 스스로 관리하고 통제해야 하는 환경이다. 지식베이스에 저장되어 있는 정리되지 않은 지식과 경험을 탐색, 수집, 가치판단, 분류, 조직, 체계화하는 학습 활동을 스스로 수행할 수 있는 능력이 학습자에게 요구된다.[34] 과거의 교육 패러다임이 교수자의 지식과 경험을 바탕으로 하는 주입식 교육방식이었다면 미래의 교육 패러다임은 교수자와 학습자 모두가 쉽게 지식베이스에 접할 수 있는 환경인 것이다. 이와 같이 e-러닝 기반의 디

---

30) Bagui, S., "Reasons for Increase Learning Using Multimedia", *Journal of Educational Multimedia and Hypermedia*, 7(1), 1998, pp.3-18.
31) 임규혁, 『학교학습효과를 위한 교육심리학』, (서울: 학지사), 1997.
32) 백영균외, 『교육방법 및 교육공학』, (서울: 학지사), 2003, p.193.
33) 박성익외, 『교육공학 탐구의 새 지평』, (서울: 교육과학사), 2001.
34) 백영균외, 같은 책, pp.50-51. 요약.

자인교육에서도 멀티미디어교육의 장점을 활용함과 더불어 미래의 교수학습 패러다임의 변화에 따른 정보의 조직화, 체계화할 수 있는 능력이 요구된다.

그러나 디자인교육의 매체가 e-러닝 기반으로 변화된다고 하더라도 디자인교육의 목표는 변함이 없다. e-러닝 기반의 시각디자인교육에서도 체계적이고 통합적으로 사고하고 문제를 해결해 나갈 수 있는 창의성을 바탕으로 교육되어야 할 것이며 이러한 과정을 통해서 디자인을 발견하고 분석하고 해결할 수 있는 능력을 키우며 이것을 생활 속에 확산시켜 나가는 데 그 목표가 있다. 또한 e-러닝 기반의 디자인교육은 정보통신 기술을 기반으로 하는 학습자 중심 교육 환경, 열린 학습 환경, 협동적 학습 환경이 구현되어 있어야 한다. 학습자가 자신의 필요와 특성에 맞게 학습을 조절할 수 있고, 지속적으로 동기를 유지하면서, 학습에 몰입할 수 있도록 하는 교수전략과 e-러닝 기반기술의 활용으로 학습자와 교수자, 학습자와 학습자, 학습자와 교육내용 간의 활발한 인터랙션이 일어날 수 있도록 시스템적 지원이 기본적으로 필요하다는 점이 오프라인의 디자인교육과의 차이점이다.

① e-러닝의 정의[35]

e-러닝에 대한 정의는 국내와 영국 그리고 일본의 정의를 중심으로 <표 1-1>과 같이 정리할 수 있다.[36] <표 1-1>과 같이 e-러닝[37]은 Electronic

---

35) e-러닝의 정의는 e-러닝산업발전법, 제2조 (2004. 1. 8.국회의결)에는 전자적 수단, 정보통신 및 전파 방송기술을 활용하여 이루어지는 학습이라고 하였고, e-러닝 백서(2003)에 의하면 인터넷 기반으로 학습자 상호작용을 극대화하면서 분산형의 열린 학습공간을 추구하는 교육이라고 하였다.

36) (주)마인드브랜치아시아퍼시픽, "2004 해외디지털콘텐츠 산업조사연구: 온라인교육편", 한국소프트웨어진흥원, 2005. 3, pp.13-15

37) e-러닝의 정의는 e-러닝산업발전법, 제2조 (2004. 1 .8.국회의결)에는 전자적 수단, 정보통신 및 전파 방송기술을 활용하여 이루어지는 학습이라고 하였고, e-러닝 백서(2003)에 의하면 인터넷 기반으로 학습자 상호작용을 극대화하면서 분산형의 열린 학습공간을 추구하는 교육이라고 하였다.

Learning의 약자로 넓은 의미로는 전자적인 매체를 기반으로 제공되는 모든 교육체제들을 포괄하는 개념이다. 방송매체를 포함하여 인터넷에 기반한 교육(WBT: Web Based Training), 컴퓨터에 기초한 교육(CBT: Computer Based Training) 등 온라인으로 제공되는 모든 교육들을 포함해서 지칭한다. 좁은 의미로는 인터넷을 이용한 교수, 학습, 그리고 훈련을 말한다.

e-러닝의 유사개념으로는 <표 1-2>와 같이 웹 기반교육, 온라인교육, 사이버교육, 원격교육 등의 개념이 사용되고 있다. 원격교육은 교수와 학생이 물리적. 시간적으로 분리되어 이루어지는 교육으로 전자매체와 인쇄물, 라디오, TV 등의 전통적인 매체의 활용을 포함하는 형태인 반면 e-러닝의 협의의 개념은 인터넷 기술을 기반으로 한 전자적인 매체의 활용만을 포함한다.

〈표 1-1〉 e-러닝의 정의

나 라	기 관	e-러닝의 정의
한 국	한국 소프트웨어 진흥원 "디지털콘텐츠 산업백서"	광의로는 교수와 교육, 학습 등의 일부 또는 전체를 정보기술을 이용하여 지원 전달하는 교육 전체를 총칭. 협의로는 유무선 방송통신망이나 인트라넷을 통하여 시간과 공간의 제약 없이 지식과 정보를 접근하여 쌍방향으로 학습 또는 교육방식으로 정의.
	산업자원부, 한국사이버교육학회	전자적인 매체를 기반으로 하는 모든 학습을 의미. 통신망을 통한 분산 형태의 학습뿐 아니라 독립된 형태의 CD 매체를 통한 학습까지 포함.
	한국교육학술정보원	정보통신 기술을 활용하여, 언제, 어디서나, 누구나 수준별 맞춤형 학습을 할 수 있는 체계
	e 러닝산업발전법	전자적 수단, 정보통신 및 전파·방송기술을 활용하여 이루어지는 학습
영 국	교육부 (Department for Education and Skills)	인터넷, 인트라넷, 컴퓨터기반기술, 쌍방향 TV 등 정보통신 기술 도구를 이용한 학습. 전자 칠판이나 비디오 컨퍼런스 등의 e-technology를 이용하여 전통적인 학습을 지원하는 학습. 학습자가 가장 적합한 시간과 장소, 학습 페이스에 따라 광범위한 분량의 학습을 할 수 있는 맞춤형 학습
	합동정보통신위원회 (Joint Information Systems Committee)	학습자가 필요한 만큼의 지식을 적합한 시간에 어디서나 할 수 있는 학습으로 단지 테크놀로지와 결부한 학습이 아닌 교수자와 같은 교육 도구

나 라	기 관	e-러닝의 정의
일 본	오무사 "e러닝 백서 2004 / 2005"	e러닝을 '정보통신 기술을 이용한 통신 네트워크를 통한 주체적인 학습'으로 정의
	일본 미디어 교육개발 센터	위성원격수업 교수설계 강좌인 e러닝 기초 강좌에서 e러닝을 지식과 성과 증진을 위해 인터넷 기술을 이용하여 다양한 솔루션을 제공하는 것이라고 정의
	일본경제연합출판부 "e러닝도입법"	인터넷을 활용하여, 자신의 PC를 사용하여, 언제라도, 어디서도, 자신의 페이스로 학습할 수 있는 구조
	일본능률협회 매니지먼트 센터	WBT솔루션을 활용한 「배움」을 동기, 비동기에 치우치지 않고 제공하는 학습형태. 원격학습>e러닝>온라인학습>컴퓨터 베이스 트레이닝의 포함 관계를 도식화함
	다이아몬드사 "e러닝: 실천적 기술의 습득방법"	멀티미디어와 네트워크에 의해 만들어진 가상 세계 중, 풍부한 정보와 지식의 서포터와 피드백을 모토로, 시행착오를 겪으며 실천하는 학습형태

이밖에 ICT (Information Communication Technology) 활용교육[38]이라는 용어도 사용하고 있는데 이는 소양 능력을 바탕으로 학습 및 일상생활의 문제해결에 정보통신 기술을 적극적으로 활용할 수 있도록 하는 교육으로 교육과 정보통신 기술의 물리적 결합을 의미하는 교육정보화의 초기적 관점인 반면, e-러닝은 인터넷 중심의 정보통신 기술 환경에서 학습자 중심의 교육 패러다임을 강조하는 관점을 갖는다.

<표 1-2> e-러닝의 유사개념

용 어	개 념
사이버교육	현실적인 공간이 아닌 컴퓨터와 정보통신 기술의 발달에 의해 생성된 가상의 사이버 공간에서 이루어지는 교육을 의미하며 공간적, 시간적 제약이 없이 개방된 다중적인 속성을 지니고 있음.
원격교육	교수자와 학습자가 공간적, 시간적으로 분리된 상태에서 이루어지는 교육으로 전자매체뿐 아니라, 인쇄물, 라디오, TV 등의 전통적인 매체를 이용한 학습을 포함하고 있음.

---

38) 2000년 말 전국 초·중등학교의 공교육 질 개선을 위해 정보통신 기술활용을 촉진하기 위해서 국가 차원의 교육용 멀티미디어 자료를 개발 및 확보하여 전국적인 교수학습 지원체제를 구축하였다.

용 어	개 념
웹 기반교육	하이퍼텍스트와 멀티미디어를 기반으로 하는 웹 환경에서 지식과 정보를 생성, 저장, 전파시키는 교육방식.
ICT활용 교육	소양 능력을 바탕으로 학습 및 일상생활의 문제해결에 정보통신 기술을 적극적으로 활용할 수 있도록 하는 교육으로 교육과 정보통신 기술의 물리적 결합을 의미

e-러닝의 유사개념들은 모두 인터넷 환경에서의 학습자 중심의 교육을 지향한다는 의미에서 개념상 큰 차이는 없으며 점차 e-러닝으로 통합되는 추세이다.[39]

② e-러닝의 발달

우리나라를 포함한 e-러닝의 세계적 동향은 초기의 거품기를 지나, 이상과 현실을 조율하는 조정기에 있으며, 새로운 가치창출을 기대할 수 있는 시장이 점차로 활성화되고 있는 국면에 진입하고 있다. 우리나라 e-러닝은 1980년대 시청각 교육, 1990년대 CAI (Computer Assisted Instruction), 컴퓨터 활용교육, 인터넷 활용교육, 2000년대 ICT 활용교육에서 e-러닝에 이르기까지 기술 중심, 정부주도 발전의 역사적 궤적을 그리고 있다.[40]

[그림 1-3] e-러닝의 발달과정

39) 양해경, 이경순, 『KERIS-이슈리포트: e-러닝의 이해』, 한국교육학술정보원, 2004, p.10.
40) KERIS, 『2005년 e-러닝 정책포럼 자료』, KERIS, 2005. 08, pp.6-26.

e-러닝의 발달 배경[41] <표 1-3>은 첫째로 정보통신 기술의 발달로 지식의 공유와 습득이 가능해졌음을 들 수 있다. 둘째는 정보의 확보 능력이 경쟁력이 되는 정보화 사회가 도래하였기 때문이다. 셋째는 평생직장의 개념이 사라지면서 평생교육의 필요성을 들 수 있다. 넷째는 교육 패러다임의 변화를 들 수 있다.

초·중등교육분야는 2000년대부터 ICT 활용교육 활성화를 시작으로, EBS 수능강의, 사이버가정학습, 중앙교수학습센터 개편 등 공교육 내실화에 주로 활용하고 있다. 또한 민간 e-러닝은 수능 시장을 중심으로 활성화되고 수능강의 서비스를 제공하는 메가스터디의 경우는 2003년 회원 수 50만을 넘고 있고 매출액도 500억원에 이르고 있다.

<표 1-3> e-러닝의 발달 배경

요 소	발달 배경
정보통신 기술의 발달	월드와이드웹의 출현으로 인한 정보 및 지식의 공유와 습득 가능.
정보화 사회의 도래	정보와 지식의 습득이 더욱 쉬워지면서, 정보의 확보에 따라 한 개인과 사회의 역량과 경쟁력이 좌우됨.
평생교육의 필요성	평생직장의 개념이 사라지면서, 개인은 끊임없는 노력을 통해 자신을 발전시켜야 함.
교육 패러다임의 변화	때와 장소를 가리지 않고 학습자의 교육에 대한 욕구를 충족시킬 수 있는 교육 패러다임이 요구됨.

고등교육 분야는 2003년을 기준으로 약 70%의 대학이 융통성 있는 교육과정 운영을 위해 e-러닝을 도입하여 활용하고 있다. 특히 전문대학은 85.8%, 4년제 대학은 63.9%가 e-러닝을 도입하고 있다. 또한 평생교육 분야는 한국방송통신대학의 경우 20여만 명 (2005년)과 사이버대학은 17개 대학에서 22,600명 (2004년) 정도가 수강하고 있다. 한국전자거래진흥원 (2004년)의 기업 e-러닝 활용 현황을 보면 대기업의 56.8%, 중소기업의 24.76%

---

41) 산업자원부 & 한국사이버교육학회, 『e-러닝 백서』, 2003.

가 e-러닝을 활용하고 있는 것으로 조사되었다. 최근에는 외국 유명대학들이 상대적으로 진입이 쉬운 e-러닝을 통해 국내 교육시장에 진출을 시도하고 있다. 컬럼비아, 메릴랜드, 스탠퍼드, 퍼듀, 플로리다 등 미국의 유명 대학들이 경제자유구역 및 국제 자유도시 내 외국 교육기관 설립 운영에 관한 특별법(안) 제정을 계기로 국내 진출을 시도하기 위해 온라인 기반의 석사과정 개설을 준비 운영 중에 있다.[42]

③ e-러닝의 구성요소

e-러닝 구현을 위해서는 학습내용 및 학습자원을 구성하는 콘텐츠, 콘텐츠를 전달하는 데 필요한 전달체제 및 학습지원 시스템인 교육지원솔루션, 그리고 교육지원서비스가 필요하다.

가. 콘텐츠(Contents)

콘텐츠는 학습내용 또는 이를 지원하는 학습자원으로 전자적 방식으로 처리된 부호, 문자, 도형, 색채, 음성, 음향, 이미지 영상을 말한다. 강의 방식에 따라서 e-러닝 콘텐츠는 강사주도형, 코스웨어형, Vod·오디오형, 텍스트형 콘텐츠로 나눌 수 있다. 콘텐츠 제작을 위해서는 각각의 콘텐츠 저작도구인 프로그램을 활용하여 콘텐츠를 제작할 수 있다.

① **강사주도형 콘텐츠**: 비디오 또는 오디오에 멀티미디어 교재를 시간적 동기화하여 제작하는 형태의 콘텐츠이다.

② **코스웨어형 콘텐츠**: 학습목표를 달성하게 하기 위하여 단계적, 선형적, 비선형적으로 코스를 구성하여 학습할 수 있도록 제작한다.

－RMI (Rich-Media Integration): 동영상과 텍스트, 이미지 등 다양한 미디

---

42) Keris, "2005년 e-러닝 정책포럼(4회) 자료", 2005. 6, p.4.

어가 하나의 화면에서 인터랙티브하게 작동되는 방식

-WBI (Web Based Integration): 학습자의 지식이나 능력을 육성하기 위해 웹을 통해 미리 계획된 방법으로 의도적인 상호작용을 전달하는 활동

③ Vod(Video On-Demand)와 오디오형(Audio On-Demand) 콘텐츠: 오프라인 강의를 직접적으로 정보기기를 통하여 저장하여 제작하거나 이와 유사한 방식으로 스튜디오에서 촬영하여 송출하는 형식을 말한다.

④ 텍스트형 콘텐츠: 학습목적으로 사용하기 위하여 제작한 문서 위주의 콘텐츠를 말한다.

나. 교육지원솔루션

학습자와 콘텐츠를 연결하는 데 필요한 각종 전달체제 및 e-러닝 지원시스템을 말한다. 여기에는 하드웨어 및 소프트웨어, 네트워크와 관련된 시스템 인프라와 e-러닝 학습 환경을 지원하는 e-러닝 플랫폼[그림 1-4, 그림 1-5] 그리고 e-러닝 콘텐츠 개발을 지원하는 저작도구가 해당된다.

[그림 1-4] e-러닝 플랫폼의 예 (http://www.kcu.ac)

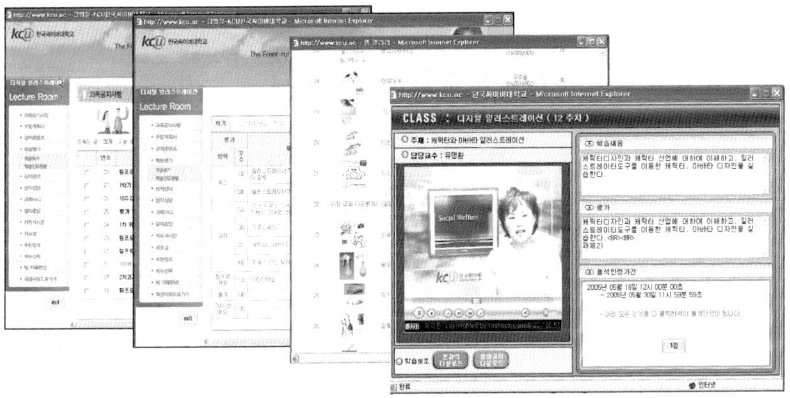

[그림 1-5] 디자인교육용 플랫폼의 예 (http://www.kcu.ac)

e-러닝 학습 환경을 지원하는 e-러닝 플랫폼이란 e러닝 콘텐츠의 개발, 관리, 운영, 평가가 이루어지는 플랫폼을 말한다. 일반적으로 교수자용 시스템, 운영자용 시스템, 학습자용 시스템 등으로 구성되며, 다양한 교수-학습 방법을 보조하고 지원하기 위해 사용되는 게시판, Q&A, 공지사항 등의 기본 기능과정운영 기능, 학습관리 기능 등 부가기능들을 탑재하게 된다. 최근에 이러한 e-러닝 플랫폼과 콘텐츠 저작방식의 표준화에 대한 관심과 연구가 활발히 진행 중에 있다.

e-러닝 콘텐츠 개발을 지원하는 저작도구는 <표 1-4>와 같이 Rich-media 프레젠테이션 저작도구, WBT(Web Based Training)을 활용한 저작도구, Vod 콘텐츠 저작도구, 텍스트형 저작도구로 나눌 수 있다.

<표 1-4> e-러닝 콘텐츠 개발을 지원하는 저작도구

학습형태	저작도구
Rich-media 프레젠테이션 〔그림 1-6〕	e-Stream Presto, eSream Xpert, Active Tutor, Live share, Alkion, Nanumi, Dream Natu, Ace, Panda, Dynamic DBI, Educe-O, Edu-Recoder, Moden Tutor, Trainersoft, Eduware Producer, Edu-V, MST, MS Producer, 이지샘……
WBT 활용 〔그림 1-7〕	Authoware, Namo, Dreamweaver, Flash, Director, 기타 웹 에디터.
Vod 콘텐츠 〔그림 1-8〕	WinCAM, Camtasia, Screen Cam, Premier, MS Encoder, Windows Movie Maker Vod 편집도구
텍스트형	흔글, 파워 포인트, MS 워드, 아크로벳 Writer 문서저작도구

[그림 1-6] 리치미디어 프레젠테이션 콘텐츠 사례

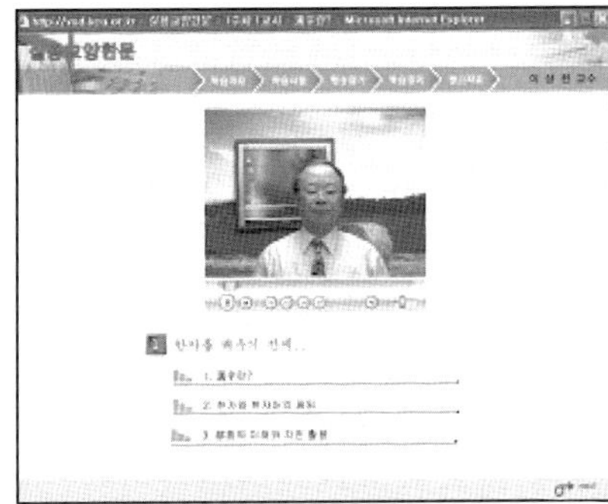

[그림 1-7] WBT 콘텐츠 사례

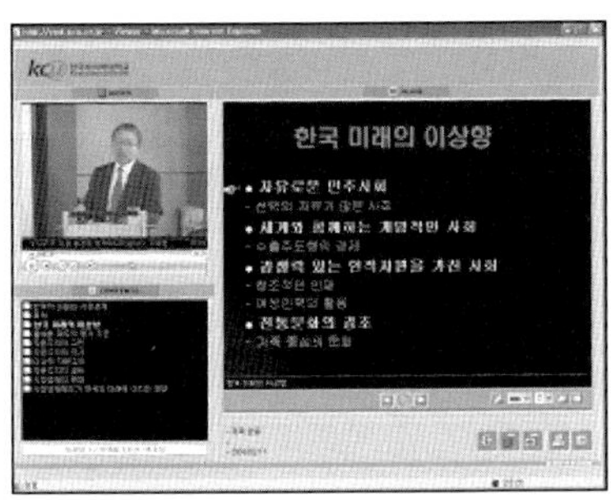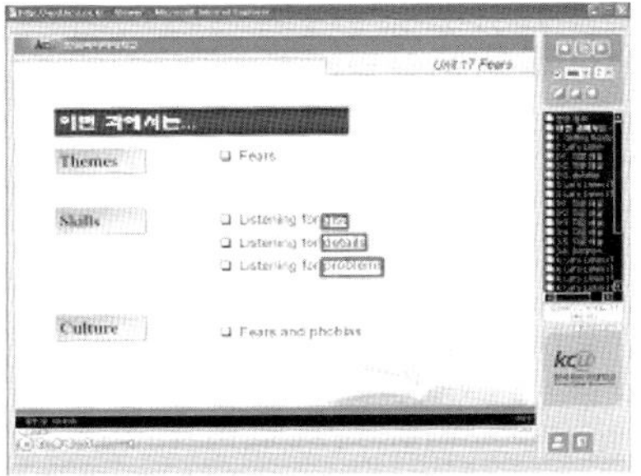

[그림 1-8] VOD 콘텐츠 저작도구 사례

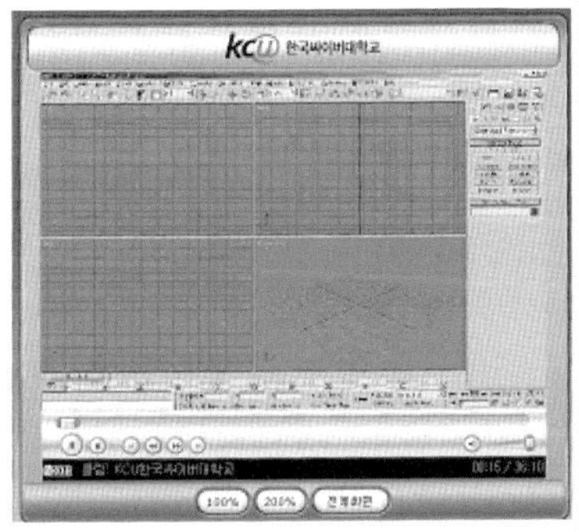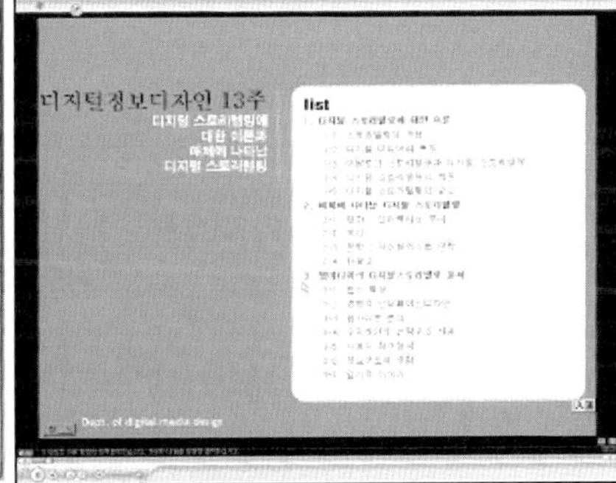

다. 교육지원서비스

교육지원서비스는 교육관리시스템과 콘텐츠 유통, 학습공동체 등의 포괄적인 서비스를 의미한다. 학습공동체는 학습을 위해 인프라와 콘텐츠를 기반으로 원활한 커뮤니케이션을 통해 협력하는 학생, 교수, 운영자로 이루어진 공동체로 구성된다.

④ e-러닝의 장단점

<표 1-5>와 같이 e-러닝의 장점은 첫째로 시공간의 제약이 없다는 점을 들 수 있다. e-러닝은 시간과 공간적 제약을 벗어나 언제 어디서나 인터넷에 접속하기만 하면, 교육을 받을 수 있는 여건을 만들어 준다. 수업시간에 교수와 학생이 동일한 공간과 시간에 얼굴을 맞대고 있을 필요가 없어졌다. 학습자 자신이 학습하기에 편리한 시간을 선택하는 것은 학습자 스스로 학습의 효과를 높이게 될 것이다.

<표 1-5> e-러닝의 장단점 비교

장 점	단 점
시공간의 제약이 없다	학습효과를 위해 교수나 학습자가 비선형적인 사고를 가져야 한다.
시간과 장소에 구속되지 않고 학습자와 교수, 학습자와 학습자 간, 학습자와 정보 간의 상호작용을 높인다.	교수, 학습자, 운영자가 컴퓨터와 네트워크의 작동과 활용에 익숙해야 한다.
정보의 공유, 개발, 접근이 손쉽다.	웹의 전송 속도로 인하여 다양한 전달 매체를 사용하는 데 제한을 받을 수 있다.
다양한 매체를 활용할 수 있다.	원하는 방향으로 학습자를 유도하는 것이 어려울 수 있으며 방대한 정보로 인하여 학습자가 방향 감각을 잃을 수도 있다.

둘째는 시간과 장소에 구속되지 않고 학습자와 교수, 학습자 간, 학습자와

정보 간의 상호작용을 높인다. 가상공간으로서 전세계 어디서나 교육을 받을 수 있고 다양한 경험을 제공받을 수 있다.

셋째는 정보의 공유, 개발, 접근이 손쉽다. 인터넷은 정보의 바다라고 불릴 만큼 많은 정보와 학습 자료가 풍부하다. 수업의 내용 외에도 학습내용과 관련 정보를 직접 찾아서 학습하고, 그 정보를 다른 학습자와 공유할 수 있어 다양한 지식을 접하고, 첨가하여 학습의 효과를 극대화 할 수 있는 것이 특징이다.

넷째는 다양한 매체를 활용할 수 있다. 텍스트, 그래픽, 오디오, 비디오, 애니메이션 등을 포함하는 멀티미디어 자료들을 통합 지원하는 학습자 환경을 제공한다. 따라서 웹이 지니고 있는 풍부한 자료 제시 기능을 벗어나서 웹 기반 교육이 실제로 의미 있는 학습을 가져올 수 있기 위해서는 상호작용 설계가 효과적으로 이루어져야 한다.[43]

e-러닝의 단점은 첫째로 집합교육에 익숙해져 있는 학습자들이 웹의 특성을 살린 학습 시스템에 익숙하지 못하거나 테크놀로지의 한계에 기인한 것들이다. 이러한 단점들은 한시적일 수 있으며, 학습자들의 e-러닝에 대한 경험 축척과 테크놀로지의 발전으로 보완될 수 있다. 둘째는 학습효과를 위해 교수나 학습자가 비선형적인 사고를 가져야 한다. 셋째는 교수, 학습자, 운영자가 컴퓨터와 네트워크의 작동과 활용에 익숙해야 한다. 넷째, 웹의 전송 속도로 인하여 다양한 전달 매체를 사용하는 데 제한을 받을 수 있다. 다섯째, 원하는 방향으로 학습자를 유도하는 것이 어려울 수 있으며 방대한 정보로 인하여 학습자가 방향 감각을 잃을 수도 있다.

베이츠 (1999), 로젠버그 (2001), 쉥크 (2001) 등 여러 학자들이나 국내의 많은 교육공학자, 원격교육전문가들은 e-러닝이 교사중심 교육 환경을 학습자 중심의 구성주의적 교육 환경으로 그 패러다임을 바꿀 것이라고 예언하면서 e-러닝이 가져올 대단한 교육적 변화를 논의하여 왔다. 즉, e-러닝은 학습자가 학습을 자기 주도적으로 이끌도록 해 줄 것이며, 보다 고차적인 문

---

43) 임철일, 『웹 기반 교육의 상호작용 설계』, (서울: 교육과학사), p.2.

제해결력을 길러주고, 멀티미디어 자료와 다양한 시각들에 접근함으로써 새로운 지식을 구성해 갈 수 있도록 해주며, 다차원적 상호작용 속에서 협력학습의 기회를 통하여 보다 실제적 지식 구성이 가능하도록 할 것이라고 예견하여 왔다. 그러나 e-러닝을 제공하는 교수자를 대상으로 하는 설문 결과, 지금까지 교실에서 하던 수업의 자료들이나 교육내용을 텍스트 형태로 온라인상에 올려놓는 것을 의미하거나, 멀티미디어 형태로 변형시킨 코스웨어를 온라인상에 제공하는 것을 의미하는 것으로 나타나고 있다. 물론 소수의 교수자들은 e-러닝을 통하여 학습자 간 토론이나 협동과제 활동을 실행하여 왔으나, 이때도 교실에서의 토론이나 협동학습 활동이 온라인상에서 구현된 형태가 대부분으로써 교육적 패러다임을 극적으로 바꾸고 있다는 주장은 성립되지 않는 것으로 보인다.44)

e-러닝은 교수자 중심의 일방향 교육이 아닌 학습자가 시간과 장소에 구애받지 않고 필요한 학습을 하는 양방향 교육방식이나, 현재까지는 학습 콘텐츠의 단순 반복학습에 그치고 있어 기존 교실 수업방식에 비해 학습 효율이 떨어지는 점이 이 분야 발전의 장애요소가 되고 있다.45) 면대면교육과 웹 기반 교육을 비교한 결과 설명이나 시범, 상호작용, 피드백, 발문의 다양성, 정보량, 수업 만족도에서 면대면 교육이 더 효율적이었고, WBI는 학습의 집중도와 파지 효과 측면에서 더 효율적인 것으로 분석하였다.46)

사이버대학의 학습자요인 분석에 관한 연구 자료에 의하면 자기 주도적으로 학습에 임하는 학생들이 출석률도 높고 과제물 수행도 더 잘하는 것으로 조사되고 있다. 또한 사이버대학의 학습참여도를 향상시키기 위해서는 오프라인과 온라인 커뮤니티의 조화, 시스템 환경을 최적화와 양질의 콘텐츠 제

---

44) 나일주, "이러닝, 그 제2의 도약기를 기대하며", e-HRD, 2004. 1.
   http://www.hrd.go.kr/ehrd/index200401/200401_02_01.htm
45) 장호욱, 서희전, 문경애, "e-러닝 환경에서의 협력학습 모델 및 지원도구 분석", 전자통신동향분석 제20권 제1호, 2005.2, p.139.
46) 임희재, "컴퓨터그래픽스 교육에서 면대면 교육과 WBI(Web Based Instruction)에서의 장단점 비교 연구", 국민대학교 교육대학원 석사학위논문, 2004, 서문.

공, 제반 학습 전략의 안내, 학습자를 위한 개인화, 정부차원의 적극적인 지원과 민간과의 협력 등을 대안으로 제시하고 있다.[47] 효과적인 e-러닝을 위해서는 학습자가 자신의 필요와 특성에 맞게 학습을 조절할 수 있고, 지속적으로 동기를 유지하면서, 학습에 몰입할 수 있도록 하는 전략과 시스템적 지원이 필요하다고 할 수 있다.[48]

2.

e-러닝 기반 시각디자인교육용 콘텐츠 개발 방법론

e-러닝은 기업과 학교 및 사교육 부문에서 계속 증가하고 있으며 교육내용도 더욱 세분화되고 있다. e-러닝의 활용도가 높아짐에 따라서 콘텐츠 개발 시에 적용할 수 있는 개발 모델은 지속적으로 발전하고 있다.

e-러닝 콘텐츠 개발 모델은 콘텐츠 개발과정을 시각화하고, 묘사하는 개념적 도구이자 개발팀 내의 정확한 의사소통 도구로서 역할을 한다.[49] 본 논문에서는 Dick & Carey의 체제적 모형과 ADDIE 모형, Alessi & Trollip 의 모형 및 NBISD의 모형 등 대표적인 4가지 모형을 정리하고, 이들의 장단점을 활용하여 연구자가 적용했던 개발모형을 서술한다.[50]

---

47) 김학인, 앞의 논문, 서문 xiv-xv 요약.
48) 윤희숙, "e-Learning에서 자기조절학습 촉진전략이 자기조절학습 능력과 학업성취에 미치는 효과", 이화여자대학교 석사학위논문, 2003, p.9.
49) 노우성, "e-러닝 컨텐츠 개발 방법론", 정보처리학회지 제9권 제5호, 2002, p.113.
50) 유명환, 최인영, "구성주의 학습이론을 활용한 e-러닝 기반 디자인교육에 관한 연구", 기초조형학연구, Vol.6, No.4, 2005, pp.271-275.

1) 콘텐츠 개발모형

① Dick & Carey의 체제적 모형

이 모형은 교수설계 및 개발의 전 과정을 체계적으로 제시하며 그 활동을 안내한다. 교육적 요구에 따른 자료 설계와 개발의 목적을 설정하는 활동을 시작으로 하여, 학습내용과 관련한 변인 및 요소들은 물론 학습자의 특성을 체계적으로 분석하고, 그 분석 내용을 종합하여 학습목표를 기술함으로써 설계와 개발활동이 지향해야 할 바를 주어진 조건에 맞게 구체화 하도록 한다. 이후 설정된 학습목표와 일관되도록 평가도구와 교수. 학습 전략을 개발하며, 이를 반영한 실제자료 개발활동과 평가활동이 이루어지게 된다. 이상과 같은 활동들이 진행되는 동안 지속적인 검토와 수정 작업이 각 활동에 대해 이루어지게 된다. 이 모형은 대표적인 교수체제개발모형으로 인정받고 있다.51) [그림 1-9]

[그림 1-9] Dick & Carey의 모형

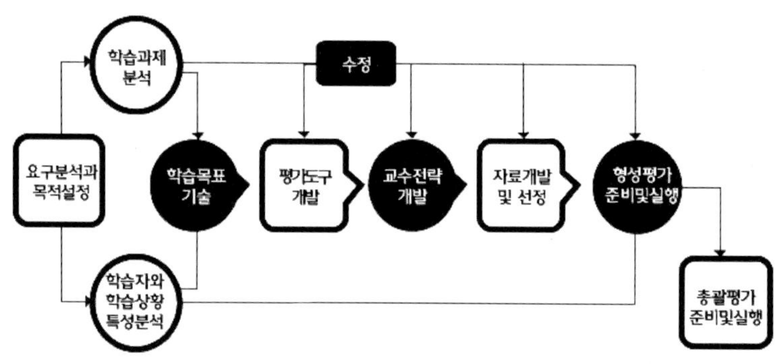

---

51) 조미헌외, 『e-learning 콘텐츠 설계』, (서울: 교육문화사, 2004), p.19.

② Seels와 Richey의 ADDIE 모형

이 모형은 설계 및 개발과 관련된 활동을 분석, 설계, 개발, 실행, 평가와 같은 세부 활동들로 분류하여 각 활동들의 약자를 이용하여 ADDIE 모형이라고도 한다. [그림 1-10] 분석단계에서는 주어진 조건들에 대한 분석으로 요구 분석, 학습자 분석, 환경 분석, 직무 및 과제 분석 등의 활동들이 이루어진다. 설계단계에서는 교수학습 방법을 구체화 하는 과정으로 수행 목표를 명시하고, 평가도구를 개발하며, 교수전략을 결정하게 된다.

개발단계에서는 설계단계에서 작성된 평가도구와 교수전략을 반영하여 자료를 제작하고 제작된 자료에 대한 형성평가를 통해 문제점을 검토하고, 수정한다. 실행단계에서는 자료를 실제 교육 상황에서 직접 사용해보고 유지 및 관리 방안을 마련하게 된다. 평가단계에서는 자료를 활용한 교육성과에 대한 총괄적인 평가가 이루어진다.[52]

[그림 1-10] ADDIE 모형

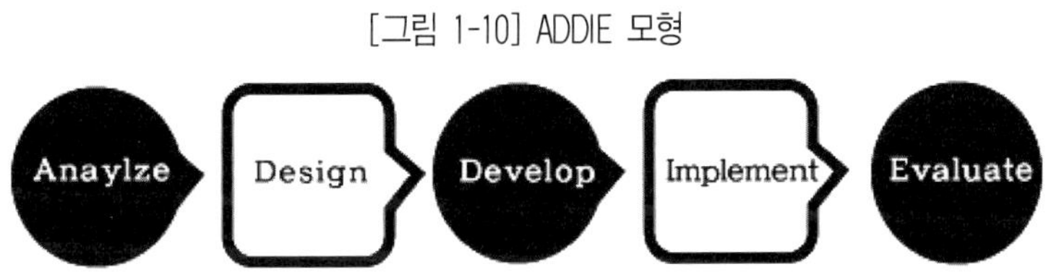

③ Alessi & Trollip 모형

일반적인 체제적 설계 모형에 컴퓨터매체의 특성을 고려한 모형으로 [그림 1-11]과 같이 콘텐츠 및 자료 개발과정을 설계, 제작, 평가의 단계로 크게 분류하고 그 세부내용을 8단계로 구분하였다. 1단계에서는 학습 과제 분석과 학습내용의 위계를 정해 수업의 목표를 정한다. 2단계에서는 자료를

---

52) http://ed.isu.edu/isdmodels/ADDIE/ADDIE.html
조미헌 외, 같은 책, p.18.

수집하는 단계로 교과자료, 수업개발자료, 컴퓨터에 관한 자료 등으로 크게 분류할 수 있다. 3단계에서는 단위수업을 위해 아이디어를 창출하는 단계로 브레인스토밍 기법을 사용한다. 4단계에서는 단위수업을 위하여 아이디어를 조직하는 단계이다. 5단계에서는 수업을 표현하는 단계로 화면설계를 구체화 한다. 6단계는 수업 흐름도를 작성하는 단계이다. 7단계는 수업프로그램을 작성하고 8단계는 수업의 질 및 효과성을 평가하는 단계이다.

[그림 1-11] Alessi & Trollip 모형

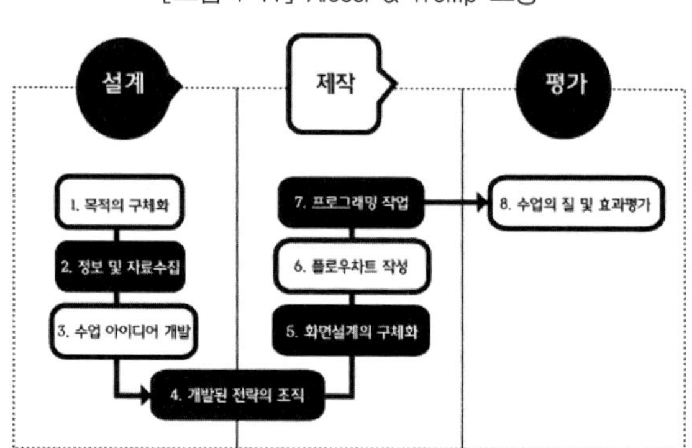

④ NBISD(Network Based Instructional System Design)모형

사이버 기업교육을 설계하는 절차를 안내하기 위한 목적으로 제안된 모형으로 기존의 ISD[53] 모델의 분석, 설계, 개발, 운영, 평가단계를 적용하여 단계별 활동을 제시하고 있다.[54] [그림 1-12]와 같이 분석단계에서는 내용분석, 학습자분석, 사이버 교육과정의 기술 및 운영환경을 파악하고 수행한다. 설계단계에서는 온라인 DB, 보조매체용 멀티미디어 자료내용을 구성하는 내용설계, 인터페이스 설계, 학습자 간 상호작용방식 설계, 강사와의 상호작용방

---

53) Instructional System Design의 약자.
54) 정인성, "가상기업교육설계를 위한 NBISD 모형", 한국기업교육학회 학술대회, 1997, pp.41-63.

식 설계로 구성된다. 제작단계에서는 저작도구를 선정하고 스토리보드를 작성하는 활동이 수행되며, 프로그래밍, 멀티미디어 자료 및 보조매체의 제작이 수행된다.

[그림 1-12] NBISD 모형

운영단계에서는 학습자를 모집하고 강사 및 운영자 교육을 실시하는 준비활동과 과정 운영활동으로 구성된다. 평가단계에서는 학습자별 수료 여부를 결정하기 위한 학업성취도 평가, 가상교육과정 자체에 대한 효과평가를 실시한다.

⑤ 기존 모형의 분석과 개선점

위에 열거한 개발모형들은 실제적으로 e-러닝 콘텐츠 제작 시에 많이 활용되고 있는 모델로서 체계적인 개발방법을 제시하고 있고, 고려해야 할 점들에 대한 요소들을 잘 설명하고 있다. 그러나 디자인교육용 e-러닝 콘텐츠를 제작하고자 할 때, 가장 중요한 역할을 수행할 내용전문가이자 강의자인 교수자의 역할과 활동이 상세히 설명되지 않고 있다. 또한 디자인교육의 특성을 살려서 구성주의적 학습모형을 적용할 수 있는 평가나 과제에 관한 기획이 설계단계에서 이루어져야 한다. 특히 e-러닝 기반 시각디자인교육의 특성을 고려하여 기획단계에서부터 평가단계에 이르는 프로세스까지의 모든 과정이 효과적으로 이루어지도록 하는 시스템적 모형이 필요하다.

디자인교육용 콘텐츠 개발 모델[55]은 분석, 설계, 개발, 실행, 평가의 단계로 다른 모델과 유사한 단계를 거친다. 각 단계별 활동은 동시적, 순환적으로 일어난다. 이 중 설계단계에서는 학습자주도형학습, 가네의 9가지 수업사태, 인지주의 학습이론, ARCS모형 및 구성주의 학습이론 등의 교수설계 이론을 기반으로 [그림 1-13]과 같이 본 연구자가 설계에 적용하여 실행한 모형을 기술한다.

첫째, 분석단계에서는 어떤 교과목을 개발할 것인지에 대한 개발 방향을 설정하기 위한 기획단계에 해당된다. 디자인의 교양교과목인가 전공실기인가에 따라 학습목표와 e-러닝 저작도구 선정부터 달라지므로, 과정 개발의 방향과과제의 목표를 설정한다. 과제 분석 및 시스템 환경 분석을 통하여 과정 개발 방향을 결정하여야 한다. 이를 중심으로 개발기간을 산정하며 개발팀을 구성한다.

[그림 1-13] 디자인교육용 e-러닝 콘텐츠 개발 모델

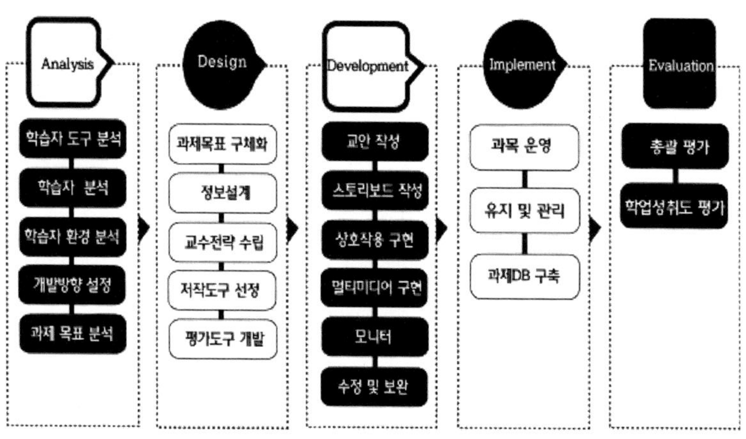

---

55) 유명환, 최인영, 같은 책, pp.275-276.

둘째, 설계단계에서는 기획단계에서 선정한 교과목과 총괄적인 학습목표를 구체화 하여 수행해야 할 과제를 선정하고, 교수전략 및 학습 구조, 상호작용, 화면설계, 평가도구의 설계와 스토리보드를 완성한다. 이때 e-러닝이 단순한 도구로서의 역할이 아니라 학습의 효과를 높이기 위해서는 교수전략이 수립되어야 한다. 현재 구성주의적 인식론이 활용도가 가장 높으며 인지적 도제학습이론, 문제 상황 학습이론, 인지적 유연성 이론 등은 디자인교육용 콘텐츠에 활용도가 높다.

또한 분석한 내용의 특성과 학습자의 특성에 따라 멀티미디어 프로그램을 효과적으로 구현할 수 있는 프로그램의 구성 형태들이 있다. 그중에서 학습자와의 상호작용 및 참여 정도에 따라 분류할 수 있는 몇 가지 유형만을 소개한다.56)

① **탐구 게임 유형**: 제작자에 의해 가상적으로 설정된 공간 내에서 사용자가 줄거리를 따라 진행하는 형태이다.

② **자료제시 유형**: 사용자가 방대한 양의 정보 중에서 필요한 자료와 정보를 선택하고, 검색, 분석, 종합할 수 있도록 구성한다.

③ **저작도구 유형**: 사용자가 직접 프로그램을 저작하기 위한 것으로 전문적인 저작도구를 사용하지 않고서도 원하는 것을 만들어 볼 수 있도록 하는 프로그램이다. 상호작용성에서 한 단계 더 나아가 간단하게 만들어진 저작도구로 사용자 자신이 원하는 내용을 직접 가공하고 편집 및 출력해 볼 수 있다.

④ **이야기 방식 유형**: 아이들의 그림 동화책을 그대로 옮긴 개념으로 동화와 일러스트레이션으로 구성되어 그림동화책과 유사한 분위기이지만 음향효과와 간단한 애니메이션 및 클릭 애니메이션으로 구성되어 상호작용성을 구현한다.

---

56) 백영균외, 『교육방법 및 교육공학』, (서울: 학지사, 2003), pp.211-212.

⑤ **개인교수 유형**: 책으로 된 교재와 비슷하게 구성되어 있는 형태로 본문학습과 반복학습, 간단한 평가 등으로 이루어져 있다.

⑥ **단순반복 연습 유형**: 단순한 활동들을 반복 연습 게임을 통하여 학습하게 하는 형태이다.

셋째, 개발단계에서는 교안을 토대로 스토리보드를 작성하고 이를 토대로 멀티미디어 요소를 제작하고 프로그램 저작 및 보조 자료를 개발한다. 개발단계에서는 프로토타입을 먼저 만들고 시험테스트를 거친 후, 구체적인 제작에 들어간다.

넷째, 운영단계에서는 효과적이고 안정적인 학습 운영을 할 수 있도록 지원하는 단계로 교수자(강의자)와 학습자, 학습자와 학습자, 학습자와 콘텐츠 간의 원활한 상호교류를 할 수 있도록 지원한다. 주로 LMS[57]를 통하여 이루어지나 디자인교과목의 특성을 살려서 멀티미디어 자료가 효율적으로 인터랙션 될 수 있게 개발되었는지를 체크하고 과제나 토론에서의 이미지 자료를 갤러리화 하여 평가와 피드백을 주어 운영되어야 한다.

다섯째, 평가단계에서는 학습이 효과적으로 이루어졌는지에 대한 학습자의 기말평가와 강좌의 학습효과가 효율적으로 이루어졌는지에 대한 설문과 모니터를 실시하여 수정사항을 보완한다.

2) 상호작용(Interaction) 디자인

e-러닝 콘텐츠의 상호작용 설계에서 가장 중심이 되는 과제는 학습자에게 체계적으로 방향을 제시해 주는 안내체제를 구성하고 이를 기초로 학습을 위한 항해 또는 필요한 정보에의 접근 경로를 설계하는 일이다. 이 작업이 완료되면 구체적으로 학습자가 경험하게 되는 매 화면상에서 어떤 일이 일어나는

---

57) 학습지원시스템 (Learning Mangagement System)

지를 정의하고 학습자가 통제할 수 있는 상호작용의 정도를 설계한 다음 이전 과정을 스토리보드로 제시한다.[58] 네트워크를 활용하는 웹 기반 수업의 상호작용 설계를 위한 대표적인 이론적 틀은 1996년에 Moore와 Kearsley가 제안한 세 가지 유형의 상호작용을 들 수 있다. 이들에 의하면 원격교육에서는 학습자와 내용의 상호작용, 학습자와 교수자의 상호작용, 학습자와 학습자 상호작용의 유형이 있다.[59]

디자인교육의 궁극적인 목적인 창의적인 디자이너 양성은 교수중심의 단순 주입식 강의로는 결코 이루어질 수 없다. 디자인교육에서 가장 중요시되는 창의적 아이디어 개발, 디자인의 논리적 전개, 개성적인 프레젠테이션 방법 등은 교수와 학생 간, 학생과 학생 간의 핑퐁 게임과도 같은 끊임없는 아이디어의 교환 및 토론 과정을 통해 개발될 수 있다.[60] 디자인교육용 e-러닝 설계 시에 단순한 정보 전달이 아니라 원리를 이해하고 흡수하여 지식의 형태로 전환하고 창의적인 디자인에 적용하기 위해서는 상호작용 설계전략이 필수적이다. 상호작용 설계는 최적의 상호작용 환경을 제공하여 학습자의 주도적인 참여를 유도하면서 의미 있는 학습의 실현을 목적으로 한다.

① 학습자와 내용 간의 상호작용

학습자에게 교과목의 LMS (Learning Management System)를 활용하여 온라인으로도 실제적인 디자인 실습이 원활히 이루어질 수 있도록 지속적인 활동을 유도하는 것이 필요하다. 학습자와 내용 간의 상호작용은 다양한 멀티미디어 요소 및 메뉴, 버튼 또는 마우스이벤트를 활용하여 학습내용을 학습자 스스로 클릭하면서 학습자 주도적으로 학습할 수 있게 한다.

---

58) 조미헌외, 『이러닝 콘텐츠의 설계』, (서울: 교육과학사, 2004), p.185.
59) 임철일, 『웹 기반 상호작용설계』, (서울: 교육과학사), pp.12-13.
60) 윤지영, "디자인 분야의 원격 강의 컨텐츠 개발을 위한 고려사항", 디자인학연구 Vol.16, No.3 통권 53호, 2003, p.12.

학습내용을 모듈별로 분류해 구조화하여 학습자에게 전달하고자 하는 내용을 쉽게 이해할 수 있도록 설계하고 학습자의 적극적인 참여를 유도하기 위하여 다양한 학습이벤트인 클릭이벤트나 레이어 처리 그리고 내용입력, 퀴즈, 학습과 연계된 사이트 제시 등을 활용할 수 있다. 또한 학습자와 내용 간의 상호작용 활성화 유도를 위해 과제는 구체적이고 실제적인 디자인과제를 부여하고 평가에 대해서는 즉각적인 피드백을 준다.

② 학습자와 교수 간의 상호작용

학습자와 교수 간의 상호작용은 웹이 제공하는 네트워크 환경의 요소에 의지한다. 담당교수가 응답할 수 있는 체계를 갖추는 것으로 주로 LMS (Learning Management System)상에서 게시판, 질의응답실, 자료실, 토론방 등을 활용하고 쪽지나 메일보내기 기능으로 의사소통을 할 수 있다. 학습자에게 도움이 될 만한 질의응답 내용 및 학습내용과 관련된 주요사항은 교과목 공지사항을 활용한다. 교수는 학생들의 출결사항이나 과제제출 현황을 살펴보면서 학생들에게 일대일 또는 다수의 학생들에게 SMS 문자메시지를 보내는 기능을 활용하여 낙오자가 없도록 학생들을 독려한다. 또한 과제 제출방에서는 학생이 올린 과제에 대해 피드백을 주면서 상호작용이 가능하다. 토론방에서는 디자인과 관련된 주제에 대한 토론이 가능하다. 교수와 다수의 학생들이 공개적으로 토론할 수 있는 환경을 제공한다. 학생들은 리플형식으로 참여할 수 있으며 활발한 토론을 위해서는 교수가 적극적으로 토론에 참여하여 의견을 조정하고 대안을 제시해 주는 것이 좋다. 디자인 현안에 관한 토론은 교수와 학생 간의 상호작용을 질적으로나 양적으로 확대함으로써 창의적인 사고 표현에 활용 가능하며 고차원적인 학습목표를 달성하는 데 중요한 역할을 수행한다.

③ 학습자와 학습자 간 상호작용

학습자와 학습자 간의 상호작용은 주로 LMS(Learning Management System) 상에서 토론방, 게시판, 자료실, 과제평가방, 팀 프로젝트방의 기능을 통하여 이루어진다. 주로 학습 과제 해결을 위한 상호간의 의사소통을 하기 위한 대화나 교과목과 관련된 정보 교환, 학습자 간의 과제평가 등의 상호작용을 주로 한다. 학습자 간의 비공식적인 대화를 위한 목적으로는 채팅이나 전자우편, 쪽지 기능을 활용할 수 있다.

디자인교육은 디자인 과제의 문제해결이나 팀 프로젝트 등의 최종과제 제출을 위해서 아이디어가 전개되는 과정과 학습자 간의 주제에 대한 의사소통을 하는 과정에서 학습이 이루어진다. 결과물의 평가도 중요하지만 학습자 간에 어느 정도의 상호작용이 이루어졌는가 하는 과정의 평가가 더욱 중요하다. 팀 프로젝트방이나 채팅방에서 이루어진 토의 내용들을 배경으로 교수는 평가에 반영하여 활발한 상호작용을 유도할 수 있다. 팀 프로젝트의 평가는 개인평가, 팀의 상호작용평가의 점수를 합하여 산정한다. 과제의 경우는 교수의 평가가 주가 되지만 학습자들 간의 상호평가를 교수가 정하는 퍼센트(%)만큼 반영할 수 있다.

④ 상호작용 설계전략

e-러닝 환경에서 질 높은 상호작용을 제공하기 위해서는 학습자 내부의 인지과정을 활성화함으로써 정확하고도 유용한 학습을 초래할 수 있다. 따라서 외현적 반응을 포함하는 상호작용은 물론 학습자 내부에서 일어나는 정신적 과정으로서의 상호작용을 촉진할 수 있는 방안을 강구하는 노력이 필요하다. 이를 위해 여섯 가지 범주의 설계전략을 제안해 볼 수 있다.[61]

---

61) 김미량, "하이퍼텍스트 교수학습 환경에서 상호작용 증진을 위한 설계전략의 탐색", 교육공학연구, 14(1), 1998, pp.47-69.

가. 학습자의 다양한 필요의 충족을 위한 전략

학습자의 개인차와 변화하는 학습필요에 따라 학습할 내용과 방법을 달리 제공한다. 학습자가 필요에 따라 비순차적으로 접근할 수 있도록 계획적으로 내용을 배치하며 풍부한 학습자원을 제공한다. 학습자가 어떤 자료에 한 번 접속함으로써 얻을 수 있는 정보의 내용이나 분량이 적절하도록 조직한다.

나. 효과적인 학습자 통제를 위한 전략

학습자에게 학습의 보조나 내용, 양, 자료제시의 순서 등에 대한 결정의 권한을 부여하되, 사전 진단을 토대로 개별학습자에게 적절한 정도의 학습자 통제를 허용한다. 학습자 주도의 학습이 학습목표에 비추어 부적합한 방향으로 진행될 때 적절한 안내와 점검의 기회를 제공한다. 학습의 주도권을 소유한 학습자가 최선의 결정을 할 수 있도록 필요한 코칭 기제를 제공한다.

다. 역동성 증진을 위한 전략

역동적인 상호작용을 위하여 시스템과 학습자 간의 교수적 대화가 즉각적으로 진행될 수 있도록 유도한다. 학습내용을 융통적, 유동적 방식으로 설계함으로써 학습자가 스스로의 판단에 따라 구조적으로 불필요한 정보에의 접속을 차단할 수 있는 기회를 허용한다.

라. 원활한 의사소통을 위한 전략

e-러닝 시스템과 학습자 간 양방향 의사소통을 위한 통로를 제공하며 학습자의 반응과 참여를 유도하는 질문의 방법을 활용한다. 학습자의 투입 행동에 적절하고 즉각적이며 교정적, 개별적인 피드백을 제공한다.

마. 유용성 증진을 위한 전략

각기 다른 학습자가 적은 노력으로 쉽게 시스템의 활용법을 익힐 수 있는 사용이 용이한 환경을 제공한다. 학습자가 시스템을 이용하면서 느낄 수 있는 좌절과 불안의 정도를 최소화하면서 동시에 지속적인 동기의 유발과 유지를 돕는 사용자에게 친근한 환경을 부여한다.

바. 내용의 효과적 전달을 위한 전략

학습자와 시스템 간의 의사소통 경로가 되는 사용자 인터페이스를 일관성 있게 설계함으로써 사용자 인터페이스를 통한 정보의 탐색이 효율적으로 이루어질 수 있도록 한다. 사용자 인터페이스를 기능적으로 단순하게 설계하고 학습자에게 그 종류와 기능을 사전에 이해하고 숙달할 수 있는 기회를 부여한다.

3) 유저인터페이스디자인

유저인터페이스디자인이란, e-러닝 콘텐츠에서 컴퓨터 화면과 사용자 간의 대화방식을 정의하는 것으로 컴퓨터와 사용자 간의 대화 장치의 결정뿐 아니라 메뉴와 용어, 행위 방식 등 모든 상호작용에 관련된 사항을 정의하는 것이다. e-러닝 콘텐츠 인터페이스디자인에서 가장 중요하게 고려해야 할 것은 학습자가 쉽고 편리하게 사용할 수 있어야 한다는 것이다. 인터페이스디자인에서는 윈도우와 패널, 버튼과 컨트롤, 배경 등의 조작을 위한 요소와 텍스트, 이미지, 비디오, 사운드, 애니메이션 등의 표현요소가 있다. 본 논문에서는 e-러닝 기반의 시각디자인교육용 유저인터페이스디자인을 메타포, 레이아웃, 방향제시와 네비게이션, 그래픽유저인터페이스, 텍스트, 색상의 여섯 가지로 나누어서 기술한다.

① 메타포 (Metaphor)

메타포(metaphor)는 경험과 생각, 상상과 개념, 새로운 것과 이미 알고 있었던 것 사이의 차이를 하나로 연결시켜 주는 장치로서 이미 오래 전부터 여러 학문 분야에서 보편적으로 활용되고 있다.62) e-러닝 기반의 교육용 콘텐츠의 인터페이스디자인에서는 메인화면디자인의 컨셉이나 네비게이션의 요소에서 메타포가 주로 응용된다. 학습자의 연령대에 맞는 주제나 교과목의 주제 그리고 상상력을 자극하는 주제 등에서 아이디어를 차용하여 메타포로 활용한다.

인터페이스디자인에서 메타포의 의미는 다음 세 가지로 요약할 수 있다. 첫째, 사용자의 입장에서 정보 구조, 정보 의미가 쉽게 인지되어 사용편의성(Usability)이 증가하도록 만드는 도구이다. 보다 세부적으로는 사용성의 범주에 포함되는 학습성(Learnability), 효율성(Effectiveness), 유용성(Usefulness), 사용자 태도(User Attitude)에 영향을 미치고, 특히 학습성을 증가시키는 도구로 활용된다. 둘째, 디자이너 입장에서 독창적인 사용자 인터페이스를 설계하기 위한 방법이며 동시에 디자인의 차별화 요소로 활용될 수 있다. 셋째, 시스템 이미지 차원에서 시스템 자체에 대한 사용자의 흥미를 유발시키고 관심을 유도하는 수단이 된다.63)

e-러닝 콘텐츠에서는 학습자에게 지루한 교과목의 내용을 접하면서도 지루하지 않도록 흥미와 관심을 유도하는 수단이 된다. 학습자에게 널리 알려진 구체적이고 친숙한 아이디어로 메타포를 설계할 수 있다. 이때 학습자가 학습내용을 이해하는 데 도움이 되며 메타포가 학습자에게 이해가능한지와 학습자의 기대를 충족시킬 수 있는가를 파악해야 한다. [그림 1-14]는 cd 플레이어와 4장의 cd를 응용하여 4개의 강의 주제를 메타포한 메인화면이다. 학습자가 돌아가는 4장의 cd를 자유롭게 꺼내서 주제를 설정하는 방법으로 교과목의 주제에 관심을 유도하였다.

---

62) George Lakoff, "The Contemporary Theory of Metaphor",
    http://www.ac.wwu.edu/~market/semiotic/lkof_met.html
63) 류시천, "멀티미디어 디자인에서 사용자 인터페이스 그래픽 메타포 유형에 관한 연구", 디자인학 연구, Vol.13, 2000, p.110.

[그림 1-14] 디자인교육용 e-러닝 콘텐츠 초기화면 메타포의 예1
(http://www.kcu.ac)

[그림 1-15]는 H사이버대학교의 사례로 교수자가 여러 지역을 여행하는 메타포를 사용하였다. 메인화면에서부터 교수자의 인물을 활용하여 각 장이 바뀔 때마다 각 지역의 이미지와 함께 인물이 움직이면서 마치 여행지에 대한 정보를 소개하듯 교과목의 내용을 이미지와 함께 소개하고 있다.

[그림 1-15] 디자인교육용 e-러닝 콘텐츠 초기화면 메타포의 예2
(http://www.hanyangcyber.ac.kr)

② 레이아웃

e-러닝 콘텐츠의 레이아웃은 조형요소인 타이포그래피, 아이콘, 그래픽, 색채와 질감, 이미지, 비디오, 애니메이션을 효율적인 학습이 가능하도록 배치하거나 학습자의 시선을 유도하는 중요한 역할을 한다. 사람의 시선은 왼

쪽 위부터 시작하여 오른쪽 아래로 향하기 때문에 대부분 위쪽에 위치하고 있는 타이틀 또한 사람들의 주목을 끌 수 있는 중요한 요소가 된다. 레이아웃의 기본 요소는 주목성, 가독성, 명쾌성, 조형성, 창조성을 들 수 있다. 질서 있고 통일된 느낌을 주도록 기획하고 페이지 안의 디자인 요소들이 시각적으로 산만한 느낌을 주어서는 안 된다.

[그림 1-16, 그림 1-17]의 예시는 e-러닝 콘텐츠의 가장 일반적인 화면레이아웃 패턴이면서 연구자의 교과목의 레이아웃이다. 일반적인 웹 사이트의 페이지 레이아웃과는 달리 학습의 내용이 차지하는 공간이 주를 이루므로 메인화면의 공간을 넓게 배치하는 것이 특징이며, 상단프레임과 하단프레임, 좌측프레임과 메인화면으로 구성된다.

[그림 1-16] e-러닝 콘텐츠의 레이아웃 사례 (http://www.kcu.ac)

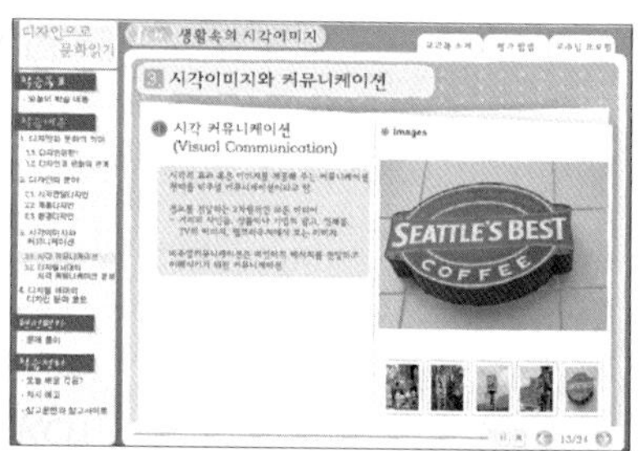

[그림 1-17] e-러닝 콘텐츠의 레이아웃 설명

상단프레임: 교과목, 로고, 상단메뉴 구성	
좌측 프레임 콘텐츠를 구성하는 메뉴	메인화면: 콘텐츠
	하단프레임: 네비게이션을 위한 메뉴

프레임	구성요소 설명
메인화면	해당 강의의 학습목표와 내용을 요약해서 소개하는 동영상을 제공한다.
좌측프레임	학습자가 배울 내용을 항상 볼 수 있고 네비게이션을 쉽게 할 수 있도록 학습목차를 둔다. 지난 주 강의와 예습을 위한 다음 주 강의 소개, 학습을 위한 보조기능을 하는 용어 사전, 교안인쇄 등의 메뉴를 제공한다.
상단프레임	교과목명이나 로고를 주로 배치하고 콘텐츠와 관련 없이 항상 띄워 놓는 메뉴를 위치시킨다. 보통 학습목표, 학습내용, 학습 활동 등의 학습영역을 위한 메뉴를 제공한다.
하단프레임	네비게이션을 위한 페이지 이동 아이콘 등을 배치한다.

상단프레임은 교과목명, 교수자명, 로고와 메뉴로 구성한다. 좌측프레임은 학습목차 위주의 메뉴를 둔다. 메인화면은 강의의 내용이 나타나는 화면으로 텍스트와 동영상, 사운드, 애니메이션 등으로 구성한다. 하단프레임은 네비게이션을 위한 이동 메뉴를 주로 배치한다. 학습 효율성과 세련된 이미지를 효과적으로 전달하기 위해, 화면의 레이아웃을 가로로 넓은 포맷을 주로 설정하여 사용하고 있으며 동일한 화면크기 내에서 보다 강렬한 디자인이 가능하도록 설계하고 있다.

③ 방향제시(orientation)와 네비게이션(navigation)

네비게이션에서는 첫 화면에서 학습자가 무엇을 학습할 수 있는지를 통찰적으로 파악할 수 있도록 제시해 주는 것이 필요하다. 또한 현재의 위치와 가고자 하는 곳이 어디인지를 학습자가 명확하고 쉽게 이해할 수 있어야 하며 학습자의 의지대로 접근할 수 있도록 설계되어야 한다.[64] 학습지기 방대한 학습내용 속에서 원하는 학습내용을 찾아다니면서 학습을 할 수 있도록 돕기 위해 한 네비게이션 전략이 필요하다. 메뉴, 탈출키, 카운터, 항해 조정판, 하이퍼

---

64) 조미헌외, 같은 책, p.190.

미디어 지도 등을 활용할 수 있다. 학습자에게 프로그램 내에서 일어나는 일들을 통제할 수 있도록 해야 한다. 항해 전략에서 주의할 점은 학습자가 이들을 이미 어떻게 사용하는지 알고 있다고 가정하지 말아야 한다는 것이다. 따라서 이들의 사용방법에 대한 안내를 사용초기에 제공하여야 한다.[65]

[그림 1-18] 예시는 연구자의 교과목에서의 네비게이션으로 학습에 필요한 기본 메뉴를 상단에 배치하였다. 기본 메뉴로는 학습목표, 학습내용, 학습평가, 학습정리 등의 메뉴로서 학습내용이 계속 바뀌어도 상단에 고정적으로 위치시켜 원하는 곳으로 쉽게 이동하도록 한다. 또한 좌측에는 목차를 제시하여 서브메뉴의 이동이 용이하도록 배치하였다. 하단 오른쪽에는 skip 버튼이나 시작버튼, 전(pre)과 후(next)의 버튼을 배치해 내용 간의 경로이동을 제공하였다.

[그림 1-18] 디자인교육용 e-러닝 콘텐츠 네비게이션의 예 (http://www.kcu.ac)

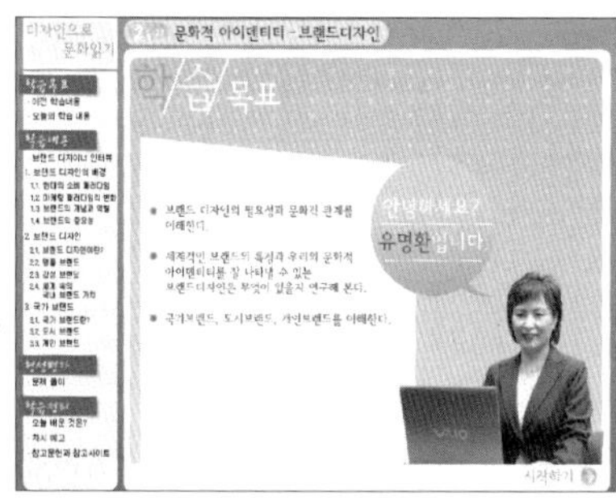 

④ 그래픽유저인터페이스 (GUI)

그래픽유저인터페이스는 사용자가 그래픽을 통해 컴퓨터와 정보를 교환하는 작업환경을 이르는 용어이다. 전체적인 화면설계에서 단순성, 일관성이 적용되어야 한다.

---

65) 백영균외, 같은 책, p.213.

단순성은 학습자에게 필요 없는 내용은 생략하고 중요한 내용만 제공하는 것을 말한다. 그래픽, 애니메이션, 음향, 색 등의 과다사용은 피하는 것이 좋다.

일관성은 동일한 형태가 항상 화면의 동일한 장소에 나타나 학습자가 정보를 빨리 찾을 수 있도록 일관성 있는 디자인을 말한다. 메뉴가 하나 이상일 때 메뉴 제시 형태를 일관성 있게 해야 한다. 보통 화면의 전개는 왼쪽 상단에서 시작, 왼쪽에서 오른쪽으로, 위에서 아래로 디자인한다. 특히, 명령어, 메뉴, 창과 다양한 요소(학습자 반응, 피드백, 헤딩, 항해장치)의 위치 등과 같은 특정한 정보는 항상 일정한 위치에 제시한다. 그래픽, 스타일, 글자체, 여백, 색상의 사용과 같은 화면의 시각적 형태나 전체적인 절차가 일관되게 하고 게슈탈트의 시각 원리에 따라 여백, 명암 등 비슷한 성격을 가진 정보들끼리 그룹을 지어 제시한다.

또한 명확성과 심미성의 원리를 들 수 있다. 명확성은 학습자가 알아야 하는 바를 제대로 제시하는 것을 말하며 문장은 가능한 짧게 표현하고 문어체보다는 구어체의 어휘를 사용하며 학습자 수준에 적합한 어휘를 사용한다. 성, 민족별 차이가 없는 보편적인 어휘 사용하며 학습자에게 친숙한 예를 사용하고 많은 예를 제공한다.

심미성은 교육적인 면을 우선으로 고려하면서도 심미적인 측면도 고려하면서도 화면이 전체적으로 보아 균형을 이루도록 모든 요소를 적절히 배치한다. 중심이 되는 학습의 내용과 가벼운 내용의 정보를 적절하게 배치하여 전체적인 균형을 유지하며 한 화면에 나타나는 자료의 양은 적당해야 한다. 한 화면에 텍스트가 복잡하게 구성될 때에는 선과 박스를 사용하여 화면을 적절하고 조화 있게 분할할 필요가 있다.

[그림 1-19]는 연구자의 교과목으로 동일한 아이콘, 메뉴와 버튼디자인, 화면디자인과 그래픽처리에서 컨셉의 일치로 강의주제를 간접적으로 전달하면서도 단순성, 일관성, 명확성, 심미성의 원리를 지향하고 있다.

[그림 1-19] 디자인교육용 e-러닝 콘텐츠 GUI 사례 (http://www.kcu.ac)

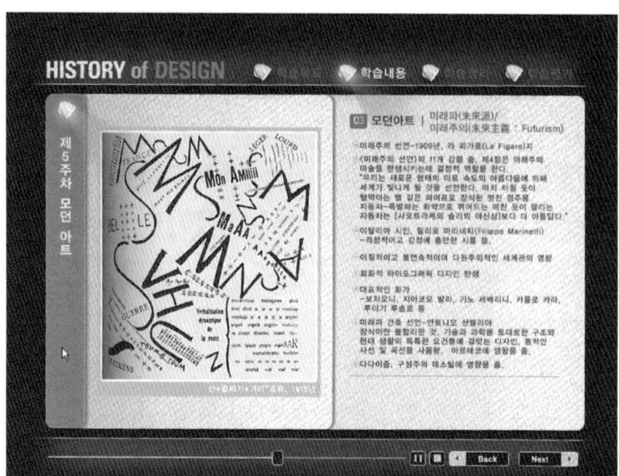

⑤ 텍스트

일반적으로 인간이 단기기억에 저장할 수 있는 정보의 양이 한정되어 있으므로 어떤 단위로 저장되어 제시될 것인지를 결정해야 한다. 인간이 제시된 정보를 보유하는 기법으로 청킹(chunking)이나 여백을 사용하는 것을 제안할 수 있다. Reid(1985)에 의하면 인터페이스를 위한 공간을 제외하고 한 화면에 제시되는 정보가 25% 정도가 되면 시각적으로 잡음의 상태, 즉 주의를 산만하게 하여 학습을 방해하는 것으로 나타난다. 또한 화면에 제시되는 텍스트가 메시지 전달에 가장 결정적인 역할을 한다.[66]

웹 페이지 디자인에 있어서 가장 중요한 시각요소 가운데 하나라 할 수 있는 문자는 가장 기본적인 정보 전달 기호이고 메시지를 전달하는 가장 중요한 매체로 어떤 글자를 사용할 때는 그 글자가 지니고 있는 스타일을 적절하게 사용해야 한다.[67] 또한 웹 인터페이스디자인의 요소 중 커뮤니케이

---

66) 조미헌 외, 같은 책, p.200.
67) 김지현, 『타입과 타이포그래피』, (서울: 임프레스, 1999), p.14.

션의 가장 중요한 매체임에도 불구하고 텍스트 포맷이나 스타일이 매우 제한적이므로 다양한 디자인을 하고자 한다면 이미지처리로 사용하는 것이 효과적이다. 타이포그래피는 기능적인 측면과 조형적인 측면으로 나눠 볼 수 있다. 본문의 자간과 행간, 서체의 크기나 굵기 그리고 스타일이 가독성과 시지각 측면에서 기능적이야 하며 형태나 색태와의 조합에 의한 상징과 의미 그리고 미적인 조화를 갖추어야 한다.

화면상에서 활자를 읽는 것이 지면에서 읽는 것보다 속도가 더 떨어지는 것이 일반적인 경향이므로 화면에 제시되는 텍스트의 형태에 세심한 주의를 기울여야 한다. [그림 1-19]에서와 같이 제목이나 부제는 본문과는 다른 글꼴을 사용하거나 같은 글꼴이라도 크기와 스타일의 변화를 준다. 한 화면에 너무 많은 글꼴을 사용하면 산만하고 가독성이 떨어지므로 한 화면 당 4개 정도로 폰트, 크기, 스타일을 결합하는 것이 좋고 화면마다 일관되게 배치해야 한다.

⑥ 색 상

웹 사이트에서 컬러는 각 화면마다 일체감을 주기 위한 배경화면과 문자의 색, 또는 각종 서비스의 특징을 표현하는 효과적인 이미지의 일환으로 사용된다. 같은 사이트 정보는 동일한 색상을 유지하는 등 정보의 성격에 따라 색채의 일관성을 가져야 한다. 또한 사용자의 위치를 아이콘 등의 색상 변화로 표시해주는 색채표현은 내용전달을 확실히 하고 시선유도에 많은 도움을 주고 이해도를 향상시켜 준다. 컬러의 커뮤니케이션 기능은 전달자 측과 수용자 측의 컬러의 개념이 같아야 한다.[68]

색상이 웹 페이지에서 차지하는 비중은 의외로 높다. 색상의 선택 여하에 따라 학습자에게 안정감이나 불안감을 줄 수 있으며 학습의 능률에도 영향을 미친다.[69] 학습자가 학습내용에 집중할 수 있도록 인터페이스디자인에서

---

68) 하루요시 나구모, 『Visual Representation』, 박영원 역, (서울: 도서출판 국제, 1998), p.35.
69) 백경민, 같은 책, p.54.

주조색과 보조색은 가급적 원색을 피하고 채도를 낮추어 안정감을 준다. 일반적으로 색과 관련된 정서가 달리 표현되는 만큼 교육용 콘텐츠에 맞추어서 적절한 색상을 선택하는 지혜가 필요하다. 색채 계획도 일관성을 가지고 한 화면에 최대 4-6개 이상의 색채를 사용하지 않는다.

[그림 1-20]의 사례에서와 같이 배경화면의 색채는 Hue & Tone의 색 체계에서 보았을 때, 원색의 강한 톤을 사용하지 않고 Grayish와 Dark톤을 활용하여 중명도 저채도로 화면상에서 눈의 피로감을 절감시키고 콘텐츠를 부각시키는 칼라 컨셉을 가지고 있다. 이와 같이 e-러닝 콘텐츠에서의 배경이나 메뉴와 같이 전체적으로 사용되는 색상은 학습을 저해하는 강렬한 원색이나 강한 톤은 사용하지 않는 세심한 배려가 필요하다.

[그림 1-20] 디자인교육용 e-러닝 콘텐츠의 색채사용 사례
(http://www.hanyangcyber.ac.kr와 http://www.kcu.ac)

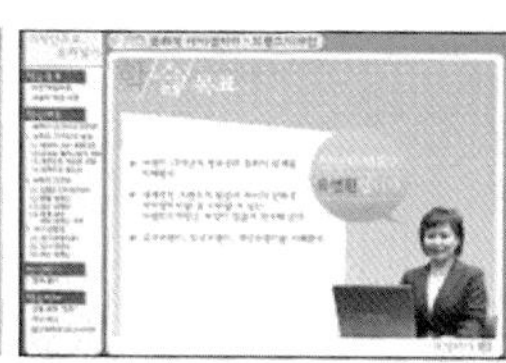
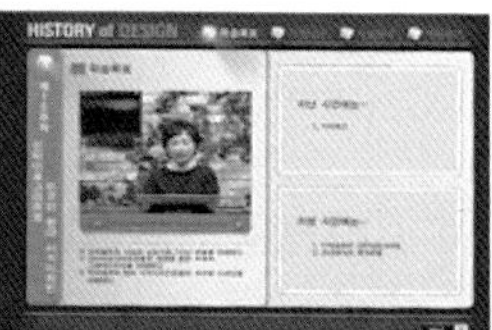

Hue & Tone 120

TONE＼HUE	R	YR	Y	GY	G	BG	B	PB	P	RP		Neutral	
V												N9.5	
S												N9	
B												N8	
P												N7	
VP												N6	
Lgr												N5	
L												N4	
Gr			●	●								N3	
Dl												N2	●
Dp												N1	
Dk			●	●									

A8987D   887A5F   8F9C4F   444A26

Ⅲ

e-러닝 기반 시각디자인교육을 위한 인식론적 접근

구성주의는 디자인의 역사에서는 1913년에서 1920년경 러시아혁명을 전후하여 러시아를 중심으로 일어나 유럽으로 발전해나간 전위적인 조형운동을 말하지만, 교육학 분야에서는 인식론을 근간으로 하는 학습자 중심적 학습이론이며 e-러닝 기반의 시각디자인교육의 이론적 배경이 된다. 창의성, 유연성, 문제해결능력, 비판적 사고력 등을 지닌 학습자들을 기르고 좀더 인본주의적인 위치에서 학습자들에게 많은 자율성과 선택권을 주며 학습자의 요구, 흥미와 관심에 가치를 두어야 한다는 시대적 요구를 이론적으로 뒷받침하는 학습이론이다.

1.
e-러닝 기반 시각디자인교육을 위한 구성주의 인식론

지식이 어떻게 생성되고 사람들은 어떻게 알게 되는가에 대한 지식의 이론은 철학적 연구에 해당되는 것으로 인식론을 말한다. 즉, 인식론은 지식의 기원, 구조, 범위, 방법 등을 탐구하는 학문이다.[70] 근대에 인식론은 합리론(또는 이성론)과 경험론으로 나눌 수 있는데 합리론을 주장하는 철학자[71]들은 참된 인식의 근원을 인간의 이성으로 보고 참된 인식은 필연성과 타당성을 지녀야 한다고 주장한다. 경험은 사실성만을 제공할 뿐 필연성이나 보편 타당성을 제시하지 못하기 때문에 참된 인식은 오직 이성으로서만 가능하다고 생각했다. 반면에 경험론을 주장하는 철학자[72]들은 인식은 어디까지나 감각 또는 인상과 같은 경험적인 것을 기본으로 감각 속에 없었던 것은 결코 지성 속에 있을 수 없다고 한다. 즉, 새로운 것에 대한 인식은 기존의 경험이 밑바탕이 되고, 그 인식 과정을 통하여 새롭게 구성된다는 것이다.

　인식론적 견해는 학자들에 따라 다양하게 구분하지만, 교수설계라는 측면에서 더피(Duffy)와 조나센(Jonassen)은 [그림 2-1]과 같이 크게 두 유형으로 나누었다. 즉, 지식은 개인의 경험과는 무관하게 객관적으로 존재한다는 합리론적 입장인 객관주의 (Objectivism)와 개개인의 경험을 바탕으로 개인 내에서 창출된다고 보는 경험론적 입장인 구성주의(Constructivism)로 나누었다.

[그림 2-1] 인식론의 흐름

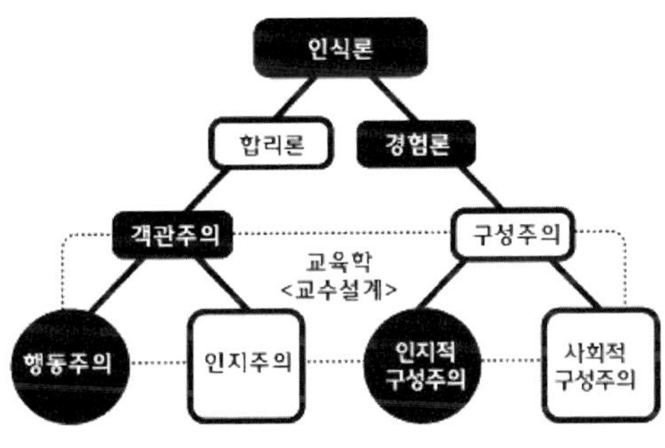

---

70) 두산대백과사전 (http://www.encyber.com)
71) 플라톤, 데카르트에서 스피노자, 라이프니치등의 유럽의 철학자를 들 수 있다.
72) 아리스토텔레스에서 로크, 버클리, 흄 등의 철학자를 들 수 있다.

<표 2-1>과 같이 객관주의적 인식론에 따르면 지식은 이미 형성되어 있는 것이며 그것은 보편적, 초역사적, 범우주적 성격이라고 보고 있다. 반면 그런 객관적, 보편적 성격의 지식이나 진리를 부정하고 대신 지식은 구성되는 것이란 전제하에 구성주의는 지식 구성의 주요 요인을 어디에 두느냐 즉, 개인의 인지적 작용에 두느냐, 혹은 사회적 상호작용에 두느냐에 따라 인지적 구성주의와 사회적 구성주의로 구분될 수 있다.[73]

〈표 2-1〉 객관주의와 구성주의 비교[74]

구 분	객관주의	구성주의
지식의 정의	고정되어 있고 확인될 수 있는 현상, 개체	개인의 사회적 경험에 바탕한 개별적 의미와 형성
최종목표	진리추구	개인에게 의미 있고 타당하고 적합하면 모두 진리이며 지식(Viability)
교육목표	진리와 일치되는 지식 습득	개인에 의한 개별적 의미형성의 사회적 적합성과 융화성
주요 용어	발견(discovery / find), 일치	창조(creation), 구성(construction)
지식의 특성	초역사적, 범우주적, 초공간적	상황적, 사회적, 문화적, 역사적
현실의 특성	규칙과 방법으로 규명될 수 있고 통제와 예언이 가능	불확실성, 복잡성, 독특성, 가치들 간의 충돌

특히 경험론적 인식론은 시각디자인 프로세스와도 밀접한 관련이 있다. 새로운 디자인의 창조나 디자인 문제해결을 위해서는 디자이너의 경험이 바탕이 되고 주제나 문제에 대한 올바른 인식이 우선되어야 한다. 새로운 디자인의 창조나 문제해결을 위해서는 디자이너의 경험이 바탕이 되고 주제나 문제에 대한 올바른 인식과정을 통해서 컨셉이 구성된다. 디자이너는 주제나 문제에 대한 해결을 위해서 인간의 사회적, 경제적, 문화적, 기술적, 환경적인 문제요소들을 고려하여 지식과 연결하고 이것을 효율적인 정보로 시각화시켜서 결과물을 만들어내기 때문이다.

---

73) Petraglia, J., *Liberation Management: Necessary Disorganization for the Nanosecond Ninetities*, (New York: Fawcett Columbine Book, 1998), p.111.
74) 강인애, 『우리시대의 구성주의』(서울: 문음사, 2003), p.20.

1) 구성주의 인식론의 정의

구성주의는 후기산업사회의 세계관에 토대를 두는 상대주의적 인식론에 근거한 것으로 이는 1950년대 이후 서양의 인식과 사고를 이끌어 오고 있는 중요한 하나의 인식론이다.[75] Duffy & Johnassen에 의하면 구성주의에서는 개인이 가지고 있는 이미 알고 있는 지식은 새로운 지식을 구성하기 위한 기초로 작용하고, 학습 상황에서 개인적이고 사회적 활동(토의, 토론)을 통하여 새로운 경험(지식)을 구성하는 과정의 반복으로 개인의 지식이 확장된다는 입장을 취한다. 그러므로 지식의 구성은 학습자의 마음속에 존재하고, 학습자는 그의 경험에 바탕을 두어 실제를 구성하며, 각 개인의 경험이 다르듯이 구성된 실제의 모습이나 의미도 다르게 형성된다. 이러한 맥락에서 지식은 학습자들의 새로운 경험을 통하여 구성되거나, 이미 알고 있는 지식이 새로운 개념으로 변화되거나 확장함으로서 습득된다고 보는 것이다. 비고츠키(Vigotsky)는 지식의 구성 과정에서 개인의 능동적인 참여뿐만 아니라 사회적 맥락에서의 환경과의 상호작용의 중요성도 강조한다. 즉, 지식은 개인과 독립적으로 존재하는 것이 아니고 여러 환경과 상호작용을 통해서 개인에 의해 구성, 재구성된다는 점을 강조한다.[76]

구성주의는 인지심리학자들 중 특히, 피아제(Piaget)와 비고츠키와 같은 발달심리학자들의 이론, 철학, 인류학 등에 바탕을 두는 인식론적 입장으로, 이전의 객관주의적 관점에서 지식을 객관적, 보편적, 초월적으로 보는 것과는 달리 지식을 상대적, 주관적, 사회문화적으로 구성되는 것으로 본다. 그러므로 구성주의적 관점에서 학습은 교수자에 의해 주어진 보편타당한 지식을 획득하는 것이 아니라 사신의 경첩에 비추어 의미를 부여하고 해석하는

---

75) Swan, G & Hughes, B., *Constructivisim: Definition and Implication for Implimentation Research Synthesis*, 1998.
76) 유재만, "구성주의 초등미술학습모형 개발에 관한 연구", 홍익대학교 박사학위논문, 2001, p.6.

과정에서 종래에 가지고 있던 특정 경험에 대한 이해나 의미와의 갈등 내지 충돌이 발생하게 되면, 자기규율적(self-regulated) 기제에 의해 다시 인지적 평형 상태를 되찾게 되는 과정이다.[77] 즉, 지식은 인식 주체와 독립적으로 외부에 존재하는 것이 아니라 개인이 가지고 있는 경험을 바탕으로 자주적으로 구성한 결과라는 것이다. 지식 습득 및 구성은 사회적 활동을 하는 개인의 인지적 작용의 결과라고 보는 구성주의 인식론적 입장에서 볼 때, 구성주의는 한마디로 학습자 중심적 학습이론이라 규명할 수 있다. 즉, 구성주의는 정보사회에서 필요로 하는 창의성, 유연성, 문제해결능력, 비판적 사고력 등을 지닌 학습자들을 기르고 좀더 인본주의적인 위치에서 학습자들에게 많은 자율성과 선택권을 주며 그들의 목소리와 요구, 흥미와 관심에 가치를 두어야 한다는 시대적 요구를 이론적으로 뒷받침하는 학습이론이다.[78]

Duffy와 Jonassen은 구성주의에 대해 다음과 같은 가정을 한다. 첫째, 구성주의는 구성된 학습으로 지식은 경험으로부터 구성된다. 즉, 학습은 학습자가 지식의 내적 표상을 건설하는 구성적인 과정이 된다. 둘째, 개인적인 해석으로 학습은 경험에 대한 개인적인 해석의 결과이다. 셋째, 능동적 학습으로 학습은 경험에 기초해서 의미가 개발되는 능동적인 과정이다. 넷째, 협동학습으로 교육의 역할은 특정한 문제와 관련된 다양한 관점들을 보여주고 학습자들이 헌신할 수 있는 입장을 스스로 선택하도록 하기 위해 다른 사람들과의 협동을 촉진하는 것이다. 다섯째, 상황학습으로 학습은 실제적인 상황에서 발생해야 한다. 여섯째, 통합된 시험으로서 시험은 분리된 활동이 아니라 과제와 통합되어야 한다.[79]

구성주의 교육은 개인들의 지식 구성능력을 위해 다양한 자료에 근거한

---

77) Fosnot, C. T., "Constructivism: A psychological theory of learning", In C. T. Fosnot (Ed.) *Constructivism: Theory, Perspectives, and Practice* (New York: Teachers College Press, 1996), pp.8-33.

78) 강인애, 같은 책, p.150-220.

79) Thomas M. Duffy, David H. Jonassen, 최정임·유화영 역, 『구성주의와 교육공학』 (서울: 신호서적, 2003), pp.158-159.

구성활동을 강조하며, 복잡하고 비구조화된 다양한 상황과 유의미한 아이디어 및 자료 등과 상호작용할 수 있는 풍부한 학습기회를 제공하여 의미구성을 촉진시켜 궁극적으로 학습자들의 추론, 비판적·반성적 사고, 문제해결, 인지적 유연성 등을 획득할 수 있도록 하고 있다.[80]

구성주의는 여러 학자들에 의해서 급진적 구성주의와 사회적 구성주의, 인지적 구성주의와 사회문화적 구성주의 등으로 구분한다. 본 논문에서는 지식의 구성과 습득에 있어서 개인의 인지적 작용 측면을 중시한 인지적 구성주의와 그 개인이 속한 사회의 구성원들 간의 상호관계를 중시한 사회적 구성주의에 대해 기술한다.

① 인지적 구성주의

인지적 구성주의는 지식의 형성 과정에서 인간의 인지적 작용을 주요 요인으로 보고 상대적으로 사회 문화적 측면과 역할은 거의 관심을 두지 않는다. 이런 인지적 구성주의를 대표하는 학자들은 Piaget(1970, 1977), von Glasersfeld (1989), Fosnot(1992), Cobb(1993) 그리고 대부분의 구성주의적 수업설계자들 (Duffy, Jonassen, Bransford, Spiro, Brown, Collins 등)이 있다.[81] 즉, 인지적 구성주의의 경우 피아제의 인지발달 이론을 근거로 하여 개인의 인지적 작용에 중점을 두고 사회적 측면은 인지적 측면의 활성화와 객관적인 타당성을 위한 단계로 보고 있다.

피아제는 학습을 인간과 환경의 상호작용의 결과라고 보고 인간과 환경의 상호작용의 본질은 내적인 인지적 갈등을 해결하는 평형과 조절로 보았다. 인지발달은 동화에 의해 인지적 갈등이 생기면 조절의 과정을 거치면서 새로운 인지구조를 형성한다는 것이다. 동화란 새로운 자극을 이미 가지고 있

---

80) 조영남, "구성주의 교수-학습", 『구성주의 교육학』, (서울: 교육과학사), pp.151-166.
81) 강인애, "인지적 구성주의와 사회적 구성주의에 대한 간략한 고찰", 교육공학 연구 제11권 제2호, 1995. 12, p.8.

던 인지구조에 맞게 인지하는 과정을 뜻하며, 조절은 주어진 상황에 맞게 기존의 인지구조를 변화시키는 것을 뜻한다. 동화와 조절이라는 적응과정을 통해서 인지구조는 변화되고, 확장되며, 보다 정교해진다는 것이다. 학습은 인지적 갈등상태에 있을 때 일어나고, 새로운 지식의 획득뿐만 아니라 이미 알고 있는 것의 계속적인 재구성 과정으로, 기존의 인지구조가 불충분할 때 조절을 통해서 새로운 인지구조를 형성하는 것이다. 따라서 피아제는 지식의 본질을 유기체에 의한 적극적 구성, 경험적 실재의 구성으로서 그 형성 과정을 동화 · 조절 · 평형화를 통한 반성적 사고의 과정으로 보았다.[82]

② 사회적 구성주의

사회적 구성주의는 비고츠키의 발달 심리이론에 근거하여 인간의 인지적 발달과 기능은 사회적 상호작용이 내면화되어 이루어지는 것으로 보고 있는데 그 대표적인 학자들은 비고츠키(1987), Rorty(1991), Rogoff(1990), Bruffee(1986), Lave(1988), Cole(1992), Cunningham(1992), Wertsch(1991) 등이 있으며 이들의 이론적 근거는 비고츠키의 발달심리라고 할 수 있다.[83] 비고츠키는 사회적 구성 주의에서 사용하는 사회적이란 말은 사회 구성원들 간에 이루어지는 상호작용을 의미한다. 따라서 학습 활동을 사회 문화적 활동의 관점에서 파악하여 공동체 구성원들 간의 사회적 상호작용을 중시한다.[84] 즉, 사회적 구성주의는 우선 인지적 작용과 사회적 측면의 상호 밀접한 관계에 더 중점을 두면서, 개인이 속한 그 사회의 문화적, 역사적, 사회적 배경을 바탕으로 한 지식의 습득과 구성이란 측면을 좀더 강조하고 있다. 인간은 사회라는 것으로 인해 동물과 구분되는데, 사회라는 곳은 인간이 태어나 자라면서 그들이 속한 세계만의 독특한 문화

---

82) George M. Gazda, Raymond J. Corsini and Contributors, *Theories of Learning*, (Illinois: F.E. Peacock Pub, Inc., 1980), p.252-256. 요약
83) 강인애, 같은 책, p.8.
84) 유재만, 같은 책, pp.13-14.

적, 행동적 양식을 습득하는 곳이다. 따라서 그가 속한 사회와 그 구성원과의 상호작용을 통해서 한 개인의 성장이 이루어진다는 것이다.

<표 2-2> 인지적 구성주의와 사회적 구성주의의 비교

구 분	인지적 구성주의	사회적 구성주의
대표학자	Piajet, von Glasersfeld, Fosnot, cobb, Duffy, Jonassen, Bransford, Sprio, Brown, Collins	Vygotsky, Rorty, Rogoff, Bruffee, Lave, Cole, Cunningham, wertsch
인지적 발달 기원	머리 속에	사회관계에 참여하는 개인
학습이란?	적극적인 인지적 구조의 재편성	관련 공동체에서의 문화적 동화
최종목표	개인 경험의 사회-문화적 타당성 검증	개인들 간의 활발한 상호작용에 의한 사회-문화적 관습 습득
이론적 관심	개인의 인지적 발달과정	사회-문화적 동화과정
분석 내용	사회적 상황에 의거한 인지적 재구성 과정	관련 공동체에 참여를 통한 사회-문화적 행동양식 습득 및 동화과정
수업환경	교사와 학생 간의 문화조사	공동체의 문화를 반영하는 학습 교육의 실태 조사
그룹 간의 환경	상이성 강조	동질성 강조

2) 구성주의 교수학습

구성주의는 가상대학의 비전실현을 위한 새로운 교육 패러다임을 제공하면서 학습 환경 설계의 원리를 제공할 수 있는 것으로 선행 연구결과, 다음과 같이 다섯 가지로 요약할 수 있다.

첫째, 능동적 학습(Active Learning)이다. 학습은 학습자의 능동적인 참여에 의하여 일어나는 것으로서 능동적 학습 상황에서 지식은 학습자에 의하여 직접적으로 경험되고 구성되는 것이며, 학습자는 능동적으로 생성한 지식에 근거하여 행동하면서 지식을 시험, 수정하는 것이다.[85] 기존 학습 환경에서 주어진 지식을 흡수하는 수동적 입장의 학습자에서 적극적이며 자율적인 지식의 형성자로서의 학습자로의 변화를 의미한다. 따라서 모든 학습 환경도 이런 적극적이고 자율적인 학습자의 생각과 지식, 그리고 능력을 적극 발휘시킬 수 있도록 조성되어야 한다는 것이다.

둘째, 자아 성찰적 사고(Learning by Reflection)이다. 이것은 자신의 모든 개인적 경험이나 일상적인 사건이나 현상에 대하여 아무런 생각 없이 무심코 지나쳐 버리지 않고 그 하나하나의 사건과 경험의 의미와 중요성에 항상 의문을 해보고 분석을 하는 인지적 습관을 말한다. 당연하게 받아들이던 모든 것에 대하여 질문을 던지고, 분석을 해보고 그 대안을 구해보는 것이다. 이런 일련의 인지적 사고를 해 봄으로 인해 지금껏 그냥 지나쳐오거나 당연하게 받아들였던 현상이나 사건에 대한 새로운 시각과 차원을 발견하게 되고, 나아가 자신의 생각이나 견해를 좀더 논리적이며 설득력 있게 정리할 수 있는 것이다.

셋째, 상호작용적 협동학습(Learning by Collaboration)이다. 구성주의자들은 학습을, 공유된 지식이 사회적으로 구성되어가는 사회적 과정으로 보면서, 학습의 핵심을 학습자가 다른 사람들과 상호작용 속에서 관점을 형성해가면서 형성된 관점을 다른 사람들에게 설명하고 변호할 수 있어야 한다고 주장한다.[86] 따라서 학습자가 고립된 환경보다는 협동적이고 상호작용이 가능한 환경에서 다양한 시각과 관점을 접하면서 자신의 관점을 형성하고, 문제해결을 해 나갈 수 있다고 보는 것이다.[87]

---

85) Thomson, J. G. & Jorgensen, S., "How Interactive is Instructional Technology? Alternative Models for Looking at Interactions Between Learners and Media", *Educational Technology*, 24, Feb., 1989.

86) Leinhardt, G., "What Research on Learning Tells Us about Teaching", *Educational Leadership*, 49(7), 1992, pp.20-25.

87) 정인성, "구성주의에 기초한 온라인 가상대학 모델 개발", 교육공학연구 제13권 제2호, 1997, p.320.

넷째, 실제적 성격의 과제중심의 학습(Learning by Authentic Task)[88]이다. 구성주의는 교육과 성과(혹은 수행), 혹은 교육과 실생활과의 연계성을 매우 강조한다. 그리고 이러한 연계가 이루어지려면 과제의 성격이 실제 생활과 밀접하게 연결되어 있어야 하고 그 과제를 풀어가는 학습의 장은 반드시 구체적 '상황성'이 전제되어야 한다. 이렇게 실제 상황성이 깃든 과제나 학습내용은 기존의 교과서 중심적 학습내용이나 과제보다 훨씬 인지적으로 도전적이고 깊은 사고를 요하게 되며 당연히 학습자들로부터 과제에 대한 주인의식과 학습에 대한 내적 동기부여를 기대할 수 있다.

다섯째, 학습자의 조력자(Facilitator)이며 동료-학습자(Co-learner)로서의 교사의 역할이 있다. 전통적으로 교사에게 부여되었던 역할(지식의 전달자이며 학습의 최종적 평가자)을 학습자에게 이양한다는 것이다. 구성주의에서 강조하는 것은 교사 역할이나 존재의 부정이 아니라 역할의 변화를 의미한다. 교사는 더 이상 지식과 정보의 전달자, 수업의 일방적인 관리자, 감독자가 아니라 학습과정의 촉진자, 조언자, 자문인, 코치, 나아가 동료 학습자로서의 역할을 수행해야 한다.

3) 시각디자인교육에 적용 가능한 구성주의 학습모형

① 인지적 도제 이론(Cognitive Apprenticeship Theory)

인지적 도제 이론은 도제라는 용어에서 이미 알 수 있듯이 미술, 의학, 법률계통의 분야에서 예로부터 사용되어 오던 고전적 의미의 도제형태의 기본 원칙을 활용하고 있다.[89] 디자인교육의 효시였던 바우하우스에서도 예비

---

88) Bernar, A et al, "Theory into Practice: How do We think?", in G.J. Anglin (ed.), *Instructional Technology: Past, Present, and Future*, (Englewood, Co: Library Unlimited), 1991.

교육과정으로 도제 교육이 이루어져 공방에서의 재료연구와 결부된 기초조형훈련이 이루어졌다. 이와 마찬가지로 구성주의의 인지적 도제 이론의 학습 절차는 특정 사회 집단에서 필요한 실제 과제의 문제해결 전 과정을 전문가가 시범해 보이는 시연단계(Modeling), 문제해결을 위한 인지적 틀을 제시하는 교수적 도움 제시단계(Scaffolding), 학습자 스스로가 문제해결을 할 수 있도록 하는 교수적 도움의 중지단계(Fading)의 과정을 도입하고 있다. 뿐만 아니라, 도제라는 용어에는 학습이나 지식 습득은 체험을 통해 반드시 이루어져야 하며, 또한 그 특정 사회집단의 문화적 양상이 내재되어 있는 특정 상황과 맥락에서 이루어져야 한다는 특성도 포함되어 있다.

학습자는 초기 단계에서 교수자의 시범을 관찰하고 안내와 도움을 받으면서 과제를 해결하게 된다. 이때 초보자는 전문가인 교수자의 시범을 통해 과제 수행의 목표와 개념적인 틀을 형성한다. 개념적인 틀은 다음과 같은 특징을 갖는다. 첫째, 과제 수행에 필요한 선행 지식을 습득할 수 있다. 둘째, 전문가의 안내와 지시를 받으면서 과제 해결 시 발생할 피드백이나 교정 등과 같은 활동을 이해할 수 있는 해석 구조를 제시한다. 셋째, 독자적으로 과제를 해결할 수 있는 내면화가 가능하다.

<표 2-3> 인지적 도제 이론의 학습 절차

학습 절차	학습내용
1. 모델링(modeling)	문제해결을 위하여 전문가가 구체적으로 시범을 보이는 단계
2. 교수적 발판제공(scaffolding)	문제해결을 위한 인지적 틀을 제시하는 단계
3. 수업환경 교수지원중단(fading)	학습자가 스스로 문제를 해결할 수 있도록 교수적 도움을 점차 줄여가는 단계

---

89) Collins, A., Brown, J., & Newman, S., "Cognitive apprenticeship: Teaching the Craft of Reading, Writing, and Mathematics", In L.B. Resnick(ED), *Cognition and Instruction: Agendas*, Hillsdale, (NJ: Lawrence Erlbaum Associates, 1988), p.453.

<표 2-3>과 같이 모델링, 코칭, 스케폴딩[90], 패이딩을 통하여 학습이 진행되는 과정에서 초보자는 자신의 과제 수행을 전문가의 것과 지속적으로 비교하게 된다. 이러한 비교는 초보자가 전문가의 수준에 도달할 때까지 계속 자신의 과제 수행을 통제할 수 있도록 한다. 초보자는 자신의 문제를 해결하기 위해 과제 수행 과정을 되돌려 분석해 보고, 자신의 관련 지식과 기능 사용 등 과제 수행과 관련된 몇 가지 결정의 이유를 명료화시킬 수 있어야 한다. 또한 이러한 반성적 사고와 명료화 작업은 문제를 해결하는 과정에서 다양한 방법으로 시도를 해보고 그 결과를 관찰할 수 있는 탐구적 학습 환경의 지원을 받아야 한다.[91]

② 문제중심학습(Problem-Based Learning: PBL)

던커(Duncker)에 의하면 "문제는 목적을 달성하려고 하지만 어떻게 목적을 달성할지 모르는 상태"[92]라고 정의하였다. 이런 관점에서 시각디자인에서 문제정의는 디자인 작업의 시작이자 아이디어를 생성하기 위한 초기단계에 해당된다. 학습자의 사고를 중심으로 문제를 정의하고 문제를 해결하려는 과정을 체계화시킨 문제중심학습모형은 시각디자인교육에 있어서도 체계적인 실습을 도와주는 역할을 할 수 있는 모형이다.

문제중심학습(Problem-Based Learning: PBL) 이론은 구성주의의 상대주의적 인식론을 이론적 근거로 하여 구성주의의 다섯 가지 학습원칙을 중심으로 한 학습원칙이다.[93]

PBL은 상대주의적 인식론에 바탕을 둔 구성주의의 학습모형이다. 상대주

---

90) 스캐폴딩이란 아동이나 초보자가 개인의 노력으로는 가능하지 않은 문제를 가능하게 하는 교수자의 역할을 나타낸다.
91) 조미헌, 이용학, "인지적 도제 방법을 반영한 교수설계의 기본 방향", 교육공학 연구 제9권 제1호, 1994. 1, p.151.
92) K. Duncker, "On Problem Solving", *Psychological Monographs*, No.58, 1945, p.270.
93) 강인애, 같은 책, p.221.

의적 인식론으로서의 구성주의의 특징은 학습자 중심의 교육 환경을 강조한다. 즉, 지식은 개인의 인지작용에 의해서만 습득되고 형성되는 것이 아니라 학습자가 속해 있는 사회의 구성원과의 상호작용 그리고 사회구성원으로 참여함으로서 지식을 습득한다고 본다. 이러한 PBL의 인식론은 학습 구조를 자율학습과 협동학습으로 구성하는 이론적 근거가 된다. 또한 지식의 구성이 인지적 작용과 사회적 상호작용으로 구성된다는 것은 학습자의 직접 체험학습과 특정 사회에 대한 문화적 동화의 중요성을 강조한 것이다.

듀피(1996)[94]에 의하면 PBL의 학습목표는 학습자로 하여금 어떤 문제나 과제에 대한 해결안 혹은 자신의 견해나 입장을 전개하여 제시하고 설명하며 나아가 옹호할 수 있어야 한다고 규정하면서 학습자의 목표에는 PBL이 추구하는 궁극적인 철학방향 목표형태가 모두 용해되어 있다고 하였다. 문제 혹은 과제를 다룬다고 할 때 그 성격이 무엇이며, 어떻게 만들어 낼 수 있느냐 하는 것을 우선 생각해 보아야 한다. 또한 해결안이나 자신의 견해는 개개인의 다양한 주장에 대한 가치 존중과 권위 부여뿐만 아니라 획일적인 정답형의 결과물 대신 다양한 형태와 내용의 결과물을 기대한다는 의미가 깃들여 있다. 즉 자신의 견해나 해결안을 만들어 내고 그것을 다른 사람에게 논리적으로 설득력 있게 제시하여 설명할 수 있어야 하며, 더 나아가서 견해에 대한 반박이 있을 경우 자신의 논리를 옹호, 주장할 수 있어야 한다는 점을 강조하고 있다. 문제해결의 과정적 노력은 크게는 논리적 사고력을 의미할 수도 있고, 학습을 지속적으로 해낼 수 있는 학습인으로서의 태도와 능력을 의미할 수도 있는 것이다. 요컨대 PBL의 궁극적 목표는 관련 분야의 전문적 지식의 습득과 동시에 문제해결 과정의 습득이라고 할 수 있다.

문제중심학습은 교과 지식보다 실제적인 문제(Authentic Problems)와 관련된 지식을 조직하려는 교육적 전략으로서 '학습 과제를 해결해 나가는 데 있어 교사의 지시나 강의를 최소화하고, 학습자의 사고를 중심으로 하는 과

---

94) Duffy T. 『Problem-based Learning Workshop』, LG Learning Center, 1996. 7.

제 발표와 토의를 통하여 학습자 스스로 개념이나 해결책을 구성해 나가도
록 처치되는 수업'을 말한다.95)

Barrows96)가 제시하는 문제중심학습의 특징은 먼저, 학습은 학생중심으로
이루어지며, 둘째, 학습은 소집단 안에서 일어나며, 셋째, 교사는 조언자 내
지는 안내자이며, 넷째, 학습에 대한 자극과 핵심으로서 문제를 조직하며,
다섯째, 문제는 문제해결능력을 개발시키는 수단이며, 여섯째, 새로운 정보
는 자기주도 학습을 통해 획득되도록 하는 것 등이 문제중심학습에서 요구
되는 특징이다.97) 또한 Bridges & Halinger (1992)에 의하면 문제중심학습의
학습 전략은 첫째, 학습의 출발은 문제를 가지고 시작하며, 둘째, 문제는 학
생들이 미래에 직면하기 쉬운 것이어야 하며, 셋째, 학생들이 획득하기를 기
대하는 지식은 교과보다 문제를 중심으로 조직하며, 넷째, 학생들은 개별적
으로 또는 집단적으로 그들 자신의 교육과 학습에 대해 중요한 책임감을 갖
으며, 다섯째, 학습의 대부분은 강의보다 소집단의 상황 내에서 일어나게 한
다는 것이다.

위와 같은 특성들을 종합해보면 문제중심학습은 실제적이고 비구조화 된
문제를 협력학습과 자기 주도적 학습을 통해 해결하는 과정에서 정보처리
능력, 문제해결능력 등을 신장시킬 수 있으리라 보인다. 이러한 능력은 개념
과 원리의 이해 위에 형성되는 것이기 때문에 명료한 개념형성과 개념 간에

---

95) Duffy, T.M. Savery, J.R., "Problem-based learning: An instructional model and its constructivist Framework", In Brent G. Wilson (ed.), *Contructivist Learning Environments: Case Stuides in Instructional Design*, (Englewood Cliffs, NJ: Educational Technology Publications), p.12.

96) 1969년 McMaster 의과대학이 처음으로 문제중심 학습에 의하여 교육과정을 운영하기 시작한 이래로 많은 대학에서 실시되고 있다. 이들 대부분이 의과대학으로서 Harvard 대학, New Mexico 대학, Hawaii 대학, 캐나다의 Sherbrooke 대학의 경우, 의과대학 교육과정 전체를 PBL방식으로 전면 개편을 시도하거나 혹은 이미 개편하여 실시하고 있으며, 미국 의과대학 협회의 발표에 따르면 현재 미국 전역의 90개 이상의 대학들이 PBL방식을 도입하고 있다. 그 외에도 Ohio 대학의 MBA프로그램, 영국의 Emperial College의 기계공학과 등 널리 활용되고 있다.

97) Barrows, H.S., & Tamblyn R., *Problem-Based Learning*, (New York: Springer, 1980), pp.191-192. 요약

관계를 나타내는 원리를 이해하는 것이 선행된다고 하겠다. 또한 여러 연구에서 보고하고 있는 바와 같이 문제중심학습을 한 학생들은 새로운 문제를 해결하는 데 있어서 높은 자신감을 형성한다고 한다.

문제중심학습은 문제 혹은 과제를 중심으로 모든 교육활동이 이루어지는 것인 만큼 문제나 과제를 만들어 내는 것이 가장 중요하다. 문제중심학습에서 제시하는 문제는 우리가 일하고 살아가는 데에서 직면할 수 있는 실제성과 비구조화로 요약될 수 있다. 비구조화 된 문제의 특성들은 다음과 같다. 첫째, 문제를 즉시 이해할 수 있는 것이라기보다는 이해를 위해 더 많은 정보가 필요하다. 둘째, 정보를 얻기 위해 설정된 조사방법이 없으며, 더 많은 정보를 얻기 위하여 관찰하고, 탐구하고, 질문하고, 실험하고, 조사하여야만 한다. 셋째, 문제는 새로운 정보를 얻음에 따라 변화될 수도 있다. 넷째, 어떠한 문제 또는 어떠한 해결 방법, 문제를 해결하기 위한 어떤 종류의 행동 분석이 옳은 것이라고 확신할 수 있는 문제해결자는 없다는 점들이다.

이러한 비구조화 된 문제를 해결하기 위해서는 더 많은 정보를 획득해야 하며 이 과정에서 새로운 개념이 형성되어 학업성취의 수준을 높일 수 있다. 문제중심학습의 일반적인 교수학습 절차는 다음과 같다.[98]

가. 문제에 직면하기(Meeting the Problem)

이 단계에서 학생들은 제시된 문제 상황을 이해하고 문제에 대해서 알고 있는 것과 알지 못하는 것, 알아야 하는 것, 해야 할 것을 파악하는 과정을 통해서 문제를 발견·정의하게 된다.

나. 탐구·정보탐색(Inquiry / Investigation)

이 단계에서 학생들은 소집단별, 또는 개별적으로 학습문제를 선택한 후, 이에 대한 다양한 정보를 수집하고, 탐색하는 작업을 한다.

---

98) 조연순, "교과를 통한 창의적 문제해결력 교육방법 모색: 문제중심학습",. 韓國敎育 (The Journal of Korean Education), 2001, Vol.28. No.2, pp.205-207.

다. 해결책 만들기(Solution Building)

이 단계에서 학생들은 가능한 해결책을 생성하고, 해결책과 해결과정에 대한 평가를 하게 된다. Duffy[99]에 의하면 문제중심학습(PBL)을 이론적으로 정립하여 활용하는 데에 가장 큰 공헌을 한 사람은 의과대학 교수인 Barrows이다. Barrows는 구성주의 이론과는 별개로 그가 의과대학에서 교수로 활동을 하면서 느꼈던 기존 교육 환경의 부실성, 비현실성 등의 문제에 대한 대안적 방편으로 문제중심학습을 제시했다. 그러다가 문제중심학습은 구성주의에 의한 이론적인 성원을 받게 되었다. 문제중심학습의 학습목표는 "학습자로 하여금 어떤 문제나 과제에 대한 해결안을 혹은 자신의 견해나 입장을 전개(develop)하여, 제시(present)하고 설명(explain)하며, 나아가 옹호(defense)할 수 있어야 한다"고 하였다.

정보화시대의 시각디자인교육에 있어서도 문제중심학습은 비구조적인 디자인 문제를 제시함으로써 문제가 무엇인지를 찾아보고 그 정보를 검증하며 실행계획을 세우는 과정이나 문제를 풀어가는 과정에서 상상력과 유연한 디자이너 특유의 사고과정이 배양되어 전략적 사고를 기를 수 있다. 또한 실생활과 밀접한 디자인 문제를 다룸으로써 문제해결 과정에서 학습자들은 자기주도적 학습 능력이 향상될 뿐만 아니라 다양한 견해와 관점을 접하게 되어 자율학습과 협동학습에 대한 자연스러운 훈련이 가능하다. 따라서 디자인 실습과정에서 실제적 적용이 가능한 지식의 습득과 디자인능력을 키울 뿐만 아니라 창의성 및 유연성, 비판적 사고력까지도 함양시킬 수 있다.

③ 상황적 교수-학습이론(Anchored Instruction)

앵커드 수업모형(Anchored Instruction Model)이라고도 불리는 상황적 교수-학습이론은 CTGV (The Cognition and Technology Group of Vanderbilt

---

99) Duffy, T. M., 『Problem-based Learning Designer Workshop』, Workshop paper, LG Electronics Inc., 1996.

University)에 의해서 개발된 수업모형이다. 이 이론은 수업에서 실제 문제 상황을 교수매체(비디오, Computer 등)를 활용하여 학생들에게 제시한 다음 가능한 대안을 찾아보도록 한다. 학생들은 그들 스스로 소집단별 또는 개별적으로 문제를 해결할 수 있는 방안들을 실험해 본 다음 그 해결 방안을 찾아내도록 한다. 이 수업에서 중요한 것은 문제 상황을 제시할 때 거시적 상황(macro context)을 앵커로 사용한다는 점이다.

상황적 교수-학습이론은 다양한 교수매체를 활용하여 실제와 유사한 학습 환경을 제공해 주고 이를 통하여 학습자들에게 단순한 사실적 지식을 제공하기보다는 현실 상황에서 활용 가능한 지식을 제공해 주어 문제해결력이 증진되도록 도움을 주는 데 목적을 두고 있다. 상황적 교수-학습이론에서는 학습자의 관심을 집중시키고 문제를 파악하도록 하기 위해 문제를 이해하는 데 필요한 핵심요소를 활용한다. 이때 효과적인 핵심 상황이란 문제 상황들을 학습자들이 인식할 수 있도록 도울 수 있는 것이어야 한다.[100]

상황적 교수-학습이론을 디자인교육에서 적용할 때 수업 모형의 단계는 다음과 같이 진행할 수 있다.

① 디자인과 관련된 비디오 상영을 통하여 학습동기를 촉진하고 문제 상황을 제시한다.

② 디자인개념의 문제를 실제적 과제를 통하여 이해하기 쉽게 이야기 식으로 제시하여 문제해결을 위한 상황을 창안한다.

③ 디자인 문제를 해결하기 위하여 학습자들의 적극적 참여를 유도하고 학습자 중심의 디자인 아이디어를 개발할 수 있는 학습 환경을 조성한다.

④ 여러 가지 사실적 학습 자료를 함축적으로 제시한다.

⑤ 학습자들이 복잡한 문제를 해결하고 활용할 수 있는 기회를 제공한다.

⑥ 학습하고자 하는 개념이 어떻게 구체적인 상황에서 활용될 수 있는지

---

100) 백영균외, 『교육방법 및 교수공학』, (서울: 학지사, 2003), pp.87-88.

를 제시하고 여러 가지 유사한 문제를 해결하게 하여 학습의 전이효과를 높인다.

⑦ 디자인과 관련된 다른 과목과 통합된 복합적인 문제를 제시하여 교육과정과 연계한다. 예를 들면 환경공학, 정치학, 사회, 문화, 경제문제 또는 디자인 영역별 통합 등을 고려해 볼 수 있다.

④ 인지적 유연성 이론(Cognitive Flexibility)

시각디자인교육에 있어서는 WBI(Web based instruction)형태의 e-러닝 콘텐츠로 제작하고 지식베이스를 하이퍼링크의 형태로 연결하면서 학습할 수 있도록 하는 이론교과목에 효과적이라고 볼 수 있다. 디자인 이론이나 디자인의 역사와 같은 교과목에서 효과적으로 활용할 수 있는 학습모형이다.

인지적 유연성이론은 여러 지식의 범주를 넘나들며 연결지으면서 다양한 방법으로 지식의 재현과 그 재현 과정을 중시한다. 이 이론의 기본전제는 지식의 특성과 지식의 구성 과정에 두고 있다. 단순한 지식의 습득을 지양하고, 대신 가장 초보적인 단계에서부터 지식의 복잡성과 비규칙성을 포함시킨 과제와 학습 환경을 제공하도록 한다.[101]

인지적 유연성이론에서의 학습 원리는 첫째, 주제 중심의 학습을 하며 둘째, 학습자가 충분히 다룰 수 있는 정도의 복잡성을 지닌 과제로 작게 세분화하고 셋째, 다양한 소규모의 예들을 제시하는 것이다.

또한 과정기술(processing skills)의 유연성을 발달시켜 유연한 인지과정을 도울 수 있는 내용지식의 구조를 습득하도록 하기 위하여 유연한 학습 환경이 요구되는데, 이때 같은 내용을 다양한 방법으로 학습할 수 있도록 하고 또 다양한 목적으로 학습하도록 한다. 가장 대표적인 예로 Spiro는 복잡하고 다양한 학습 환경을 조성하고 인지적 유연성이 있는 환경구성을 위하여 컴

---

101) 백영균 외, 같은 책, pp.88-89. 요약.

퓨터를 통한 다차원적이고 비선형적인 하이퍼텍스트 시스템을 활용할 것을 권장하고 있다. 하이퍼텍스트를 활용한 다차원적 접근과 비선형적 접근이 되도록 하기 위한 무선적 접근수업(Random Access Instruction)을 권장하고 있다.[102] 인지적 유연성 모델의 특징을 요약해 보면 대부분의 고차적 지식(advanced knowledge)은 구조화되어 있지 않기 때문에 인지적 유연성이론의 원리를 적용함으로서 치유될 수 있다. 이러한 문제를 해결할 수 있는 수업 방법은 무선적 접근수업을 통해서 이루어질 수 있는데 이는 곧 인지적 유연성 하이퍼텍스트(Cognitive Flexibility Hypertext's)라 불리는 비선형적 컴퓨터 학습 환경의 설계로 해결될 수 있다. Spiro의 연구결과 인지적 유연성 하이퍼텍스트에서 학습한 학생들은 전이성 검사에서 높은 성취를 나타내었다.[103]

⑤ 문제중심 시나리오(Goal Based Scenario)

이 모형은 디자인교육을 위한 e-러닝 콘텐츠 개발과 직접적으로 연결된다. 이 교수법을 위해서는 교수자가 치밀한 시나리오를 작성해서 실행될 수 있도록 기획되어져야 올바른 시행으로 이어질 수 있다. 문제중심 시나리오는 학습자들에게 구조화된 목표를 제시하여 의도한 기능과 지식을 달성하도록 하는 데에 초점을 두고 있다. 이를 위해 상황적 특성을 충분히 제공하는 학습 환경을 제공하는데 학습 환경은 실제 세계의 과제를 반영하며, 학습자들이 소집단을 구성하여 작업하도록 하고, 학습 수행 시 학습할 내용과 정보가 담긴 프린트와 온라인 중심체제의 지원하에 학습하도록 구성할 수 있다. 학습자의 실생활에서 찾을 수 있는 문제나 상황을 중심으로 학습 환경

---

102) Spiro, R. J., Feltovich, P. J., Jacobson, M. J., & Coulson, R. l., "Cognitive Flexibility, Constructivisim, and Hypertext: Random Access Instruction for Advanced Knowledge Acquisition in Ill-Structured Domains", In T.M. Duffy & D.H. Jonassen (eds.), *Constructivisim and the Technology of Instruction*, (Hillsdale: Lawrence Erlbaum Associates, Inc., 1992), pp.57-75.

103) Spiro, R. J., 같은 책, pp.57-76.

을 구성할 수 있다. 실생활의 소재를 중심으로 학습하면서 다양한 지식과 기술을 습득하기 위한 가이드라인을 제공한다. GBS의 구성요소인 피드백은 학습 활동에 대한 다양한 수준의 피드백 지침을 제공해야 하므로 교수자의 지속적인 지원이 필요하다. 디자인 문제해결을 위해 가상 기업의 디자인실이나 디자인팀의 과제를 수행할 수 있도록 시나리오와 스토리보드를 작성하여 학습자에게 임무를 부여하고 그것을 실행할 수 있도록 한다. 또한 실제의 기업과 함께하는 산학협동과제에서도 적용해 볼 수 있을 것이다.

GBS는 미국 노스웨스턴 대학의 교수인 로저 생크가 제안한 구성주의 교육방법이다. 이 학습 방법은 학습자가 이루어내야 할 최종목표를 시나리오형태로 제시하여 학습자의 동기를 유발하고 학습자는 실제 상황을 반영한 학습환경에서 이 목표를 달성해야 한다. 시나리오를 통하여 학습자들은 무엇을 성취해야 하며 자신의 역할이 무엇인지 알게 된다. 예를 들어, '경영 위기에 빠진 회사 구하기'에 관한 시나리오라면 목표가 학습자들이 위기에 빠진 회사를 구하여 흑자로 돌아서게 한다는 것이다. 학습자들은 시나리오에서 어려움에 빠진 회사의 중역으로 임명이 되며 그 회사가 직면한 문제를 진단하고 설명하도록 요구받는다. 이 문제를 해결하기 위하여 학습자들은 각종 자료를 찾고 회사에서 일어나는 중요한 사업상의 결정 과정에 참여하게 되는 것이다. 이 시나리오에서 학습자들은 의사결정을 하거나 질문에 대답하고 정보를 탐색하고 대안을 제시하는 등의 활동을 하게 되며 컴퓨터에 의해 만들어진 가상 상황에서 피드백을 받거나 새로운 문제 상황에 직면하게 된다.

학습자들이 목적 성취를 위하여 필요한 실제 기술과 관련 지식을 익히고 활용하는 Learning by Doing 시뮬레이션이다.[104] 구성주의 설계 모델이 강조하는 것처럼 '현실적인 과제 수행'과, 이 과제 수행을 위해 '다양한 학습자원이 학습자가 선택할 수 있는 형태로 제공'된다. 모든 과제 해결 활동과 학습자원들이 학습목표를 중심으로 정교하게 설정된 시나리오에 '합목적적으로 배열'

---

104) Reigeluth, C.M., *Instructional-design Theories and Models (Vol. Ⅱ): A new paradigm of Instructional Theory*, 1999. 조미현외, 같은 책, p.175. 재인용.

된다는 측면에서는 객관주의적 요소를 동시에 갖는다. 단지 정보의 제시 전략 면에서 볼 때 학습자원들이 기존 교과서처럼 학문적인 논리 구조에 따라 전달되는 것이 아니라 정교하게 가공된 시나리오에 내포(embed)된 과제 구조 속에서 도구적으로 제공된다는 점이 기존 객관주의적 설계방식과 다른 점이다.

전통적인 교수법은 지식과 기술을 사용하고 활용하는 방법보다는 지식을 전달하는 데에 더 많은 초점을 두어 실제 활용하지 않으면 무용지물이 된다. 이에 따라 GBS의 기초이론이 되는 CBR (Case-Based Reasoning)은 인간이 어떻게 기억하고 새로운 문제를 해결하기 위하여 그 기억을 어떻게 활용하는지에 대한 이론이다. 새로운 문제를 해결하기 위하여 이전에 경험했던 어떤 상황을 기억하고 응용하는 것이다. CBR 안에는 목적, 계획, 기대의 단계, 기대의 실패, 피드백의 단계를 거치게 된다.

GBS 설계 이론은 <표 2-4>와 같이 학습목표, 임무, 커버스토리, 역할, 시나리오 조작, 학습자원 개발, 피드백 등으로 구성된다. 모든 설계 작업은 달성하고자 하는 학습목표를 기준으로 설정된다. 학습목표가 설정되면 다음으로는 학습자가 수행해야할 임무 또는 과제를 제시한다. 임무는 목표와의 내용적인 연계성 확보 외에도, 학습자의 관심을 끌 수 있는 현장성, 유의미성을 가져야 한다. 임무는 기본적인 학습목표와의 연계성만을 정의하고 디테일한 상황 설명과 동기 유발적인 역할 정의는 커버스토리와 역할 개발단계에서 다루게 된다.

임무는 일종의 이야기 형태를 빌어 보다 정교화 시켜 주는 것이 커버스토리이다. 커버스토리는 학습자가 미션에 대한 이해를 충실히 하고 미션 수행에 필요한 디테일한 정보를 제공함과 동시에, 사실적이고 흥미로운 이야기 전개로 학습 동기를 유발하는 역할을 한다. 이 커버스토리를 통해 학습자는 목표하고 있는 목표 기술을 연습할 수 있고 기타 제공되는 다양한 컨텐츠에 대한 지식을 습득하는 계기를 얻게 된다. 임무 설정이 주로 목표와 임무 간의 논리적인 연관성 확보를 위한 과정이라면, 커버스토리 개발은 현장에서의 데이터 추출, 학습자 분석 등을 통해 이 임무에 살을 붙이고 전문적인 윤필이나 인터페이스 디자인 등을 통해 흥미도와 가독성을 높이는 과정이라고 볼 수 있다. 커버스토리 개발에는 학습자의 역할에 대한 정의가 동시에 고려되어야 한다.

<표 2-4> GBS모형의 구성요소

동기 요소	구현 가능한 e-러닝 전략
학습목적 (goal)	교수가 제시하거나 학습자 스스로 설정할 수 있으며 교수와 학생이 공동으로 논의하여 설정가능하다.
임무 (mission)	학습목적을 성공적으로 성취하기 위한 목적으로 학습자의 흥미와 연결하여 지식과 기술을 요구하는 것을 정한다.
커버스토리	임무 수행을 위하여 창작된 스토리이다.
역 할	커버스토리 안에서 맡게 될 역할을 정한다.
시나리오 운영설계	미션과 목적을 달성하기 위해 수행해야 할 모든 활동이 시나리오에는 포함된다. 예를 들면, 보고서를 완성하기 위하여 주제를 전문가에게 묻거나, 정보 모으기, 학습과정에 대한 새로운 대안 제공하기 등이 포함된다.
학습자원 개발	목적과 임무를 성공적으로 완성하기 위한 정보를 제공한다. 이야기 형식으로 제시되고 학생은 이를 재구조화하기도 한다.
피드백	행동의 결과로 제시한다. 실패 시에는 부정적인 피드백을 제시한다. 온라인을 통한 조언형식이나 전문가로 하여금 비슷한 사례에 대한 설명을 제시할 수도 있다.

똑같은 커버스토리도 학습자의 역할이 무엇인가에 따라 흥미 유발의 정도나 학습 전이 (transfer)의 측면에서 커다란 차이가 있기 때문이다. 커버스토리나 시나리오 운영 설계와 같은 요소들은 목표 달성을 위하여 필요한 지식과 기술을 습득하고 학습과정에서 접하게 되는 다양한 학습 활동을 구성하는 하나의 틀을 제공한다.

시나리오 운영 설계는 학습자가 미션 달성을 위해 취하는 학습 활동들을 예상하고, 이들을 시나리오의 스토리라인 상에 배치해 두는 것이다. 이 시나리오 운영에는 컨텐츠 접근 활동과 학습자 참여 활동에 대한 설계가 포함된다. 컨텐츠 접근 활동이란 전문가의 의견을 듣는 것, 선임자가 작성해 두었던 리포트를 읽는 것, 신문 기사를 보는 것, 교과서의 특정 페이지를 읽는 것 등을 가리키며 학습자 참여 활동에 대한 설계란 학습자가 의견을 제기하는 기능과 그 시점, 피드백을 받았을 때 학습자가 반응하는 절차와 유형을 정의해 두는 것을 포함한다. 이 시나리오 운영이야말로 학습자의 입장에서는 뭔가 공부하고 문제를 해결하는 기회를 주는 구체적인 장이 된다. 이 운영의 구조화 수준은 설계자가 학습자, 목표, 미션 등을 고려해서 결정해야 할 정도의 문제로서 어린아이처럼 떠 먹여 주는 수준에서 인터넷에서 알아서 찾아 활용하는 수준에 이르기까지 다양하게 구성될 수 있다.

시나리오 운영 설계단계에서는 어떠한 학습자원의 개발과 확보가 필요한지에 대한 규명이 수행되며, 이 학습자원 개발단계에서는 그 자원들을 구체적으로 제작해내는 작업이 이루어지게 된다. 설계도 독해를 위한 가이드라인 제작, 전문가 의견의 비디오 촬영 및 편집, 유사 설계 독해 사례의 구성 및 디지털 문서화 등 다양한 형태의 매체가 제작되어야 한다. GBS는 교실 수업 환경에서도 적용될 수 있지만, 다양한 학습자원을 적시에 제공하기 위해서 네트워크 기반 컴퓨터를 기본 설계 환경으로 전제하는 경우가 일반적이다. 이러한 점을 감안할 때 멀티미디어 컨텐츠 제작이 많이 필요하게 된다.

마지막으로 피드백은 학습자의 과제 수행 과정에 수반되기 마련인 기대 실패에 적절하게 대응함으로써 진정한 학습이 일어나게 하는 역할을 한다. 피드백은 대개 세 가지 형태로 주어지게 된다. 첫째는 학습자가 취한 행동의 결과에 대한 구체적인 피드백으로서 잘못된 의사결정이나 이해 등 부정적인 결과를 지적하는 기능을 한다. 둘째는 코칭으로서 보다 나은 결과를 위해 제공되는 형성적 피드백이다. 셋째는 잘잘못을 지적하기보다는 유사 사례에 대해 전문가들이 취했던 다양한 선택과 그 이유에 대한 진술을 들어보는 것이다.

2.
e-러닝 기반 시각디자인교육을 위한 협력학습

1) 협동학습과 협력학습의 개념

협동학습은 면대면 교육 환경에서, 전통적인 수업방식이 가지고 있는 문제점에 대한 해결 방법으로 연구되기 시작한 것으로 전통적인 학습 구조인 경쟁학습 구조와 개별학습 구조의 정의적·인지적 효과의 한계를 극복하고 지식 정보화 사회에서 필요로 하는 사고력과 문제해결력, 창의력 등 고차적 정신기능과 남을 배려하고 함께 문제를 해결해 나갈 줄 아는 인간을 길러내기 위한 교수-학습 방법이라고 할 수 있다. 협동학습은 학습자들이 소집단의 구성원들과 공동의 목표를 가지고 서로 가르침을 주고받는 상호작용의 과정을 통해 학습 과제를 해결해 나감으로써 학습목표에 도달하게 하는 수업방법이다.[105] 협동학습이란 소집단을 구성하여 학습자 자신의 학습과 동료 학습자의 학습을 최대한으로 돕기 위해 함께 학습하도록 하는 교수방법이다. 이것은 지식전달을 목적으로 하는 교사중심의 모형과는 달리 학습자를 능동적인 학습의 참여자로 파악하는 학습자중심의 학습모형이다.

전통적인 소집단과 비교하여 협동학습은 "소집단을 구성하여 학습자 자신의 학습과 동료 학습자의 학습을 최대한으로 돕기 위해 함께 학습하도록 하는 교수방법을 의미하며, 단지 소집단을 구성하여 함께 학습하도록 지시하는 것을 의미하지는 않는다."라고 정의하고 있다.[106]

---

105) Johnson, D.W. & Johnson, R.T., "The Internal Dynamic of Cooperative Learning Group", In R. Slabin, S. Sharan, R. Kagan, C. Hertz-Lazarowitz, C. Webb & R. Schmuch(eds.), *Learning to Cooperative, Cooperating to Learn*, (New York: Plenum Press, 1985), pp.103-124.

Johnson과 Johnson은 효과적인 협동학습의 조건으로 긍정적 상호의존성(positive interdependence), 면대면 상호작용(promotive face-to-face interaction), 개별 책무성(individual accountability), 소집단 기술(small-group skills), 집단 과정(group process)의 요소들이 구조화되어 있어야 한다[107]고 하였다.

첫째, 동료 학습자 간의 긍정적인 상호의존성이 필요하다. 학습자들은 주어진 과제를 수행하는 데 있어서 그들이 서로 밀접하게 연관되어 있고, 자신들이 성공적으로 과제를 수행하기 위해서는 동료 학습자가 반드시 필요하다고 믿어야 한다. 학습자들을 단순히 그룹화 하는 것은 우수 학생의 지나친 독주로 인한 독불장군 현상이나 열등 학생의 수동적 참여로 인한 무임승차 현상에 의해 구성원들 간의 상호 불만 및 책임 전가로 인해 학습 효율의 저하를 가져올 수 있다.[108]

둘째, 면대면 상호작용은 소집단끼리 모여 앉아 학습 과제를 해결하기 위해 서로 가르쳐주고 설명하고 격려하고 토론하면서 집단의 목표를 달성하기 위한 동료 학습자와 의견교환이 있어야 한다.

셋째, 개별책무성은 집단의 목표를 달성하기 위해서는 집단 구성원 개개인은 다른 구성원들의 학습에 대해 개인적인 의무와 책임감을 가져야 한다. 모든 구성원이 소집단에 부여된 과제를 해결하기 위하여 자신이 맡은 역할을 충실히 하고 동시에 다른 구성원이 학습하는 것을 도와주도록 노력하여야 한다. 개별적 책무성은 개인이 얻은 점수를 집단점수에 반영하는 방식과 집단이 수행해야 할 학습 과제를 분업화하는 두 가지 방식이 주로 사용된다.

---

106) Johnson & Johnson, "Cooperative Learning: Where We have been, Where We are Going, Cooperative Learning and College Teaching", 1993.

　　Johnson D. W. & Johnson, R. T., "Cooperative Learning and Feedback in Technology-based Instruction", In V.D. John (ed.), *Interactive Instruction and Feedback*, (Englewood Cliffs, N.J.: Educational Technology Publications, 1993), pp.133-157.

107) Johnson & Johnson, 같은 책.

108) 이인숙, 『e-러닝: 사이버 공간의 새로운 패러다임』(서울: 문음사, 2002).

넷째, 학습자에게 대인간 소집단 기술이 필요하다. 협동학습은 과제에 대한 지식 습득뿐 아니라 사회적인 기능을 요구한다. 협동의 기술 즉, 의견 발표하기, 도움주기, 경청하기, 질문하기, 칭찬하고 격려하기 등의 협동 기술을 학습시켜야 한다는 것이다.

다섯째, 집단 과정은 한 수업이 끝났거나 하루의 일과가 끝났거나 며칠에 걸쳐 과제가 끝났을 때 반드시 소집단이 자신들의 활동을 반성하고 검토하는 시간을 갖는 것을 말한다. 소집단의 구성원들은 집단 과정을 통해 지금까지의 수행을 계속할지 아니면 수정하여 실시해야 할지를 결정한다. 이러한 기회의 제공으로 학생들 개인적으로는 사회적 기능을 발달시키고, 집단적으로는 보다 효율적인 소집단 활동이 가능하게 된다.

협동학습의 목적을 협동심을 기르기 위한 것으로 보는 경우가 많다. 협동학습은 전통적인 경쟁학습 구조와 개별학습 구조의 인지적 효과의 한계를 극복하기 위한 대안으로 등장한 것이다. 경쟁학습 구조는 극소수의 승자를 배출하는 대신에 대다수의 패자를 양산하는 비능률을 낳았고, 개인의 잠재력 발굴보다는 승자와 패자를 가리는 데 관심을 두었으므로 교육의 인지적 효과도 한계를 보여주었다. 이에 개인의 잠재력을 최대화시키기 위해 많은 교육적·재정적 투자를 통하여 개별학습 구조가 경쟁학습 구조를 대체하려 하였지만 그 결과는 사회성이 결여된 극단적 개인주의자와 다른 사람으로부터 전혀 지적 자극이나 교류 없이 편견으로 가득한 편협한 지식인을 만들어 냈다. 따라서 협동학습은 기존 학습 구조의 정서적 폐해보다는 이러한 지적인 위기를 극복하고자 나타난 대안이었다.[109]

'협력학습(Collaborative Learning)'이란 용어는 '협동학습(Coopera-tive Learning)'이라는 용어와 혼동을 초래한다. 협동학습은 학습과 수업 지도의 모형으로 체계화된 절차적인 요건을 갖고 있다. 협동학습모형이 갖추어지려면 의도적인 팀 구

---

109) 정문성, 『협동학습의 이해와 실천』, (서울: 교육과학사, 2002). pp.19~35. 요약.

성, 팀 상호작용의 연속성, 팀원 사이의 상호의존 관계, 개인의 책무성, 사회성 발달 중시, 교사의 격려 등과 같은 독특한 요건이 있어야 한다. 반면 협력학습이란 영어로 'Collaborative Learning'으로 표시 되는데, 협동학습모형보다 형식적 측면에서 엄격함이 떨어진다.

수업 중에 짧은 시간 동안 소집단으로 협력이 이루어지면 협력학습에 해당한다. 협력학습은 소집단으로 함께 도와주며 배우는 형식을 말한다. 반면에 협동학습은 수업을 진행하는 공식적인 절차를 갖춘 일종의 수업 전략이라 할 수 있다. 협동학습모형은 슬래빈이 제시한 구체적인 수업 전략과 절차를 갖춰야 하기 때문에 단순한 소집단 학습이나 협력학습과는 구분된다. '학생을 소집단으로 묶어 같이 연습하는 것'만으로는 협동학습이 아니다.

본 연구에서는 e-러닝 기반의 시각디자인교육에서 학습의 내용에 부가적으로 평가요소의 하나로써 수행하였고 짧은 기간 소집단으로 협력하여 이루어지는 형태로 함께 도와주며 배우는 형식이다. 따라서 협동학습이라는 용어보다는 협력학습이라는 용어가 더욱 적절하다고 보았기 때문에 협력학습이라고 정의하였다. 그러나 협력학습과 협동학습의 용어는 혼재하여 사용하고 있고 유사 유형이므로 두 가지 형식을 포함한 이론적 고찰을 기술한다.

2) 협동학습의 유형

① 면대면 협동학습

모든 교과와 모든 학생에게 적용할 수 있는 일반화된 협동학습모형은 정해져 있지 않지만, 면대면 협동학습이 구체적으로 적용되어 연구된 협동학습모형이 제시되어 있으며, 그 대표적인 협동학습모형을 선행 연구[110] 결과

---

110) 엄라영, 같은 책, pp.13-15.

다음과 같이 요약할 수 있다.

가. 과제분담 학습(Jigsaw)

학습 주제를 팀 구성원에 따라 나누고 학습 주제에 따라 전문가 집단에서 학습한 후 모집단에 가서 학습한 내용을 공유하는 수업 모형으로 Jigsaw Ⅰ, Jigsaw Ⅱ, Jigsaw Ⅲ가 제안되어 있다. 이 모형은 텍사스대학에서 Elliot Aronson과 그의 동료들에 의해서 발전되어지고 평가되어져 왔다. 그리고 Slavin (1983)과 John Hopkins 동료들에 의해 널리 사용되어졌다. 이 모형은 기본적인 개념을 가르치는 데 이용되며 특히 교재의 완전 습득을 목적으로 하고 있다. 구체적인 시행 절차는 다음과 같다.

1단계: 학급의 집단을 5~6명 정도의 이질집단으로 구성한다.

2단계: 학습 과제는 세분화하여 한 학생이 과제 영역 중 하나의 하위주제를 책임지도록 한다.

3단계: 학습 과제는 사전에 제시되어 분담영역에 대하여 조사 준비할 충분한 시간적 여유를 준다.

4단계: 수업시간에 일단 소속 집단에서 교수의 협동학습에 대한 설명을 들은 후 지시에 따라 똑같은 하위주제를 분담한 학생들끼리 모여 앉아 대응집단(전문가 집단) 협의를 거친다.

5단계: 대응집단 활동이 끝나면 원래의 소속집단에 되돌아 와서 자신이 맡은 하위주제에 대하여 집단 구성원끼리 서로 돌아가며 가르친다.

6단계: 교수는 집단 사이를 돌아다니면서 협동학습이 원활하게 이루어질

변영계, 『협동학습의 이론과 실제』(서울: 학지사, 1999)
정문성. 김동일, 『열린 교육을 위한 협동학습의 이론과 실제』(서울: 형설출판사, 1998)
이동원, "집단경쟁과 무집단경쟁 협동학습이 학업성취와 학습 동기에 미치는 효과", 계명대학교 박사학위논문, 1991.
양낙진, "협동학습이 자아존중감에 미치는 효과에 관한 연구", 건국대학교 박사학위논문, 1990.

수 있도록 조장한다.

7단계: 단원학습이 끝나면 평가를 실시하고 개별적으로 평점을 한다.

8단계: 협동학습이 끝난 후 토론을 통하여 집단 활동과정을 평가하고 개인의 책임의식을 촉구한다.

가) 과제분담 학습 Ⅰ(Jigsaw Ⅰ)

Jigsaw Aronson(1978)에 의해 개발된 것으로 원래는 학업성취보다 인종 간, 문화 간 교유관계 같은 정의적 측면의 증진을 일차적 목표로 삼았다.[111] 이 모형은 과제 의존성이 매우 높다는 것이 특징이다. 개인의 수행이 집단 목표에 직접적으로 기여하는 것이 아니므로 보상 상호의존성이 낮고, 이에 따라 과제 상호의존성이 상대적으로 높다.[112]

집단 내에서 뿐 아니라 집단 간에도 협력학습을 유도하는 '협력적 프로젝트(Cooperative Project)' 유형이다. 경쟁적 학습 분위기를 협동적으로 전환하고 소집단으로 구성된 이질적인 학습자들이 서로 가르치고 배우는 상호의존적인 학습형태이다.

집단구성은 5~6명의 이질집단으로 구성되고, 우선 각 집단에게 동일한 과제를 부여한다. 그리고 각 집단에서 같은 부분을 맡은 학생들끼리 전문가 집단으로서 따로 모여 맡은 내용을 토론하고 다시 자신이 속한 집단으로 돌아가 학습한 내용과 결과를 그 집단의 학생들에게 가르친다. 단원의 학습을 마친 후에는 퀴즈를 통해 개인별 성적을 받는다. 따라서 직소우 학습법 Ⅰ 모형에서는 과제 해결력의 상호의존성은 높지만 구성원 간의 보상 상호의존성은 낮은 편이다.

구성원 간의 과제해결에 대한 상호의존성은 높다. 그러나 공식적인 집단 목표가 없고 성취에 따른 집단 보상을 받지 못하기 때문에 보상 상호의존성

---

111) 이동원, 『인간교육과 협동학습』, (서울: 성원사, 1997), p.111.
112) 이종두, "구조화된 협동학습 전략과 집단 보상 제공이 학업성취에 미치는 효과", 서울 대학교 대학원 석사학위논문, 1997, p.21.

이 낮다는 단점이 있다. 하지만 각 모둠 구성원의 적극적인 행동이 다른 모둠 구성원에게 보상받도록 도와주기 때문에 협동적 보상구조의 본질적 역동성은 존재한다.113)

1978년 미국의 텍사스 대학에서 Aronon과 그의 동료들에 의해서 개발된 모형으로 협동학습 방법으로 가장 일찍 소개된 방법이다. 학습자들을 4∼6명 정도로 성별, 성적, 성격 등이 다른 이질 집단으로 나누고 학습할 단원을 집단 구성원의 수에 맞도록 나누어 각 구성원에 한 부분씩을 할당한다. 한 학급은 여러 집단으로 나누어지므로 각 집단에서 같은 부분을 담당한 학습자들이 따로 모여 전문가 집단을 형성하여 분담된 내용을 토의하고 학습한다. 그런 다음 각자의 소속 집단으로 돌아와서 학습한 내용을 집단 구성원들에게 가르친다. 이 모형은 집단 내의 동료로부터 배우고 동료를 가르치는 모형이다. 다시 말해, 보상 구조를 통해서가 아니라 학습 과제의 분담 즉, 작업 분담 구조를 통해서 집단 구성원 간의 상호의존성과 협동을 유발한다.

나) 직소우 학습법 Ⅱ(Jigsaw Ⅱ)

Slavin에 의해 개발되었으며 직소우학습법 Ⅰ을 개작한 것으로 기본 개념을 가르치는 데 사용되고 완전 학습을 목적으로 한다. 이 방법은 팀의 학습자들이 교재를 분할하여 한 부분씩 공부하여 동료들에게 가르쳐 주는 것으로서 과제 상호의존성에 기초하고 있으며 보상 상호의존성을 높인 모형이다.114) 직소우 학습법 Ⅱ는 개념학습목적으로 주로 가르치는 데 사용되었다. 직소우 학습법 Ⅰ보다 구성원 간의 보상 상호의존성을 높여줄 수 있는 방법이다. 즉, 학생들은 개인별 성적도 받지만 STAD에서처럼 개인별 성적을 팀 점수로 환산하게 된다.

직소우 학습법 Ⅰ이 특별한 학습 과제나 학습 자료를 준비해야 하지만,

---

113) Slavin, R. E., "Cooperative learning", *Review of Educational Research*, 50, 1980, pp.241-271.
114) 이동원, 같은 책, pp.107-112.

직소우 학습법 Ⅱ는 일반적인 학습 과제나 학습 자료에서도 활용할 수 있다. 또한, 팀 형성 및 의사소통 기술을 배제하고 집단 보상을 첨가한 것이다.[115] 직소우 모형 Ⅱ의 수업 절차는 다음 [그림 2-2]와 같다.

[그림 2-2] 과제 분담 학습모형 Ⅱ의 수업 절차

나. 능력별 팀 학습(Student Teams Achievement Division: STAD)

성취과제 분담 학습이라고도 번역하고 있는 이 모형은 보상 중심 협동학습의 유형으로 보상을 적절히 활용하여 팀 내에서 협동을 유발시켜 학습의 효율성을 강조한다. 이 모형은 가장 간편한 모형으로 기본 기능의 습득이나 사실적 지식의 이해를 위해 고안되었다. 팀은 학업성취, 성, 인종 등에서 이질적인 4~5명으로 구성된다.

이 모형은 Slavin에 의해 집단 간 협동을 조장하기 위해 만들어진 STL프로그램 중 하나이다.[116] 주로 초·중·고등학교 수학 과목에 주로 이용된다. 학습자들은 4~5명으로 구성된 집단으로 구성되고, 각 집단은 전체 학급의 축소판처럼 학습 능력이 높은 학습자, 중간 학습자, 낮은 학습자와 함께 이질 집단으로 구성된다. 이 모형은 실제 수업에 적용하기에 쉽고 간단한 절차를 가지고 있지만, 다양한 보상 제도로 활발한 상호작용이 일어난다. 또한, 집단 구성원들의 역할이 분담되지 않은 공동 학습 구조이면서 동시에 개인의 향상 점수에 따라 개별적으로 보상되는 개별 보상 구조이다. 그리고 개인의 점수가 팀 점수에 영향을 미치는 집단 보상이 함께 이루어진다. 가장

---

115) 변영계, 같은 책

116) Slavin, R. E., "Synthesis of Research on Research on Cooperative Learning", *Educational Leadership*, 39, 1981, pp.655-659.

간편한 모형의 하나로써 기본 기능의 습득이나 사실적 지식의 이해를 위해 만들어졌다.

이 모형은 STL 프로그램이 가지고 있는 집단 보상, 개별 책무성, 성공기회의 균등이라는 세 가지 중심개념이 포함되어 있다. 집단 보상이라는 것은 집단이 계획된 기준 이상의 성취를 해야만 보상을 받을 수 있다는 것이다. 개별책무성이라는 것은 집단의 성공은 모든 구성원 개인의 성취에 의존한다는 것을 의미한다. 그리고 성공기회의 균등은 각 구성원들의 과거 성취를 기준으로 향상 점수를 받아 능력의 고하를 막론하고 누구나 집단의 성공에 기여할 수 있음을 의미한다. 즉, 자신의 학업능력 수준에 관계없이 최선을 다함으로써 얻은 향상 점수가 집단점수에 계산되므로 모두가 집단에 공헌할 수 있는 균등한 기회를 가진다. 이것은 또한 개별 책무성을 강화시키는 요소이기도 하다.[117]

다. 토너먼트식 학습(Team-Games-Tournament: TGT)

팀간의 게임을 통해 경쟁심을 유발시켜 학습의 효율성 향상을 도모한다. 이 모형은 능력별 팀 학습과 마찬가지로 기본 기능에 대한 이해력과 적용력을 기르기 위해 고안되었다.

Keith Edwards에 의해 처음 고안된 이 방법은 성취 과제 분담 학습과 비슷하지만 시험을 통해 개별 성취를 하는 것이 아니라 집단 간의 토너먼트 게임을 통해 개별학습 성취를 나타내는 모형으로서, 성취 과제 분담 학습의 퀴즈나 시험을 토너먼트 형태의 게임으로 대치한 것이다.[118]

팀은 학습 능력별로 상, 중, 하로 구성되는데, 각 팀마다 학습 능력이 비슷한 학습자끼리 토너먼트 형태의 게임을 통해 제시된 문제를 해결한다. 교

---

117) 이종두, "구조화된 협동학습 전략과 집단 보상 제공이 학업성취에 미치는 효과", 서울대학교 대학원 석사학위논문, 1997, p.19

118) DeVries, D. L., Edwards, K. J., & Slavin, R. E., 「Biracial Learning Teams and Race Relations in the Classroom: Four Field Experiments Using Teams-Games-Tournament」, *Journal of Educational Psychology*, 1978, pp.356-362.

사는 토너먼트 게임에 이긴 팀에게 집단 보상을 한다.[119] 이 모형은 점수를
계속 계산하고 관리해야 하는 번거로움과 동점자가 나올 시의 복잡함 모둠
원의 수가 모둠별로 동일하지 않을 때 처리 시의 힘든 점이 있다. 또한
STAD처럼 외적 동기인 점수계산에 치우쳐 내적 동기를 잃어버릴 수도 있
다. 하지만 협동학습모형 중, 학생들에겐 가장 인기가 높은 모형으로 알려져
있다. 게임이 너무 재미있기 때문이다. 이 모형은 내적 동기를 기대하기 어
려운 단순한 암기 또는 훈련 등의 성격을 가진 학습내용을 다룰 때 사용하
는 것이 좋다.[120]

라. 집단조사학습(Group Investigation: GI)

집단 탐구 주제 및 하위주제를 설정하고, 팀별 탐구 계획을 수립하고 탐
구를 실행하여 발표하는 탐구 수업 모형이다. 이 모형은 고차적 인지학습에
유용한 보다 정교한 집단 프로젝트로 고안되었으며 학생들은 2~6명으로 팀
을 이룬다.

Sharan과 Hertz-Lazarowitz에 의해 개발되었다. 학습자들은 2~6명 정도의
소집단으로 나누고, 전체 과제를 집단 수에 맞추어 작은 단원으로 나눈다.
각 집단은 맡은 단원에 대한 보고서를 준비하기 위해 토의를 거쳐 각 개인
이 수행할 과제나 역할을 정한다. 각각의 학습자들은 개별적으로 조사를 실
시하여 집단별로 주요한 발견 사항들을 요약하고 학급 전체에 발표할 내용
을 선정하여 정리해 놓는다.[121] 보다 정교한 집단 학습 방법으로 만들어진
것으로 모든 협동학습모형 가운데 가장 복잡하고 고차적인 인지학습에 유용
하다.[122]

---

119) 정문성 · 김동일. 같은 책, pp.221-229.
120) 정문성, 『협동학습의 이해와 실천』, (서울: 교육과학사, 2004), p.24.
121) Sharan, S. & Hertz-Lazarowitz, R., "A group investigation method of cooperative
    learning in the classroom", In: Sharan, S. et al (Eds.). *Cooperation in Education*,
    Provo, Utah: BYU Press, 1980, pp.14-46.
122) 이종두, 같은 책, p.23

교수자가 광범위한 주제를 주면, 학생들은 이 주제를 좀더 세분화시켜 하위주제를 잡는다. 구체적인 하위주제를 잡고 나면 다양한 정보를 활용하여 정보를 수집한다. 그리고 집단의 보고서를 준비하기 위하여 필요한 활동들을 수행한 뒤 전체 학생들에게 그들이 알아낸 결과를 전달하기 위해 전시회나 연설 등을 하게 된다. 이때 교수자의 역할은 자원인사나 촉진자의 역할을 하게 된다. 각 팀들이 자료를 잘 수집하고 처리하고 있는지 알아보고 어려움에 처한 팀에게는 도움을 준다. 이 모형은 매우 조직적인 STAD학습이나 TGT학습과는 대조적으로 학습할 과제의 선정에서부터 학습 계획, 집단 과제의 분담, 집단 보고에 이르기까지 학생들 스스로의 자발적인 협동과 논의로 학습이 진행되는 개방적인 협동학습모형이다.[123]

[그림 2-3] 집단 탐구 모형의 수업 절차

이 모형은 다양한 측면의 문제를 해결하기 위해 정보를 수집·분석·종합하는 과정에서 집단들 간에 상호의존성을 강조한다. 집단 탐구 모형의 수업 절차는 [그림 2-3]과 같다. 집단 탐구 모형은 학습할 과제의 선정에서부터 학습 계획, 집단의 조직, 집단 과제의 분담, 집단 보고에 이르기까지 학습자들 스스로의 자발적 협동과 논의로 학습이 진행되는 개방적인 협동학습모형이다.

마. 협동을 위한 협동학습 (Co-op Co-op)

한 학급에서 정한 전체 과제를 여러 팀으로 구성된 학급 전체가 협동으로 해결하기 위하여 팀별로 협력학습을 하는 형태로 자율적 협력학습형태를

---

123) 장인영, "웹 기반학습에서 협동학습 전략 유형이 학업성취 및 학습태도에 미치는 영향", 서강대학교 대학원 석사학위논문, 2000, pp.19-20.

가지고 있다.

한 학급에서 정한 전체 과제를 여러 소집단으로 구성된 학급 전체가 협동으로 해결하기 위하여 소집단별로 협동학습하는 형태로 1985년 Kagan에 의해 고안되었다. 전체 학급에서 교사가 제시한 주제에 관해 대략적인 학습내용을 토론한 뒤 여러 개의 소주제로 나누고, 자신이 원하는 소주제를 다루는 집단에 속하여 토론을 한다. 집단 내의 소주제는 또다시 더 작은 소주제로 나누어 각각의 맡은 부분을 심도 있게 조사하게 한다. 학습자는 자신이 조사한 내용을 가지고 집단 내에서 정보를 나누게 되고, 집단이 맡은 소주제를 전체 학급에 발표를 해서 학급 전체에게 주어진 학습 주제를 완수하게 한다. 이처럼 학급 전체에게 주어진 학습 주제를 수행하기 위해 소집단으로 나누어 협동학습을 한다고 해서 Co-op Co-op 즉, 협동을 위한 협동학습이라고 한다.[124] Co-op Co-op라는 이름이 말해주듯이 학생들은 모둠 속에서 협동과 모둠, 모둠과 모둠의 협동으로 얻은 이익을 학급 전체가 함께 나누는 경험을 하게 된다. 자신이 선호하는 주제를 자유롭게 선택하고 자신과 같은 흥미를 가진 다른 학생들과 함께 학습하는 과정에서 큰 학습동기를 느낀다.[125]

소집단별로 조사한 것을 학급 전체에 발표하기 위해 준비하는 동안에 토론 능력, 협상 능력, 비판력, 의사결정 능력 등 다양한 고급 사고를 사용하게 된다. 조사한 내용을 전체 학급에 발표함으로써 같은 학급의 모든 다른 학습자에게 깊고 다양한 정보를 제공하고 학습들은 다른 소집단의 발표에 대해 적절한 비판과 지지를 보내면서 고급 사고력과 발표력을 익힌다. 협동을 위한 협동학습의 수업 절차는 [그림 2-4]와 같다.

---

124) 정문성, "사회과 학업성취에 대한 협동학습에 대한 연구", 서울대학교 대학원 박사학위논문, 1996.
125) 정문성, 『협동학습의 이해와 실천 교육과학사』, 교육과학사, 2004, p.209.

[그림 2-4] 협동을 위한 협동학습의 수업 절차

바. 찬반논쟁수업 (Pro-Con)

특정 주제에 대해 팀간 찬반 논쟁 수업 모형을 바탕으로 한 협력적 토론 학습모형126)이다. Johnson과 Johnson (1994)은 pro-con논쟁수업 모형의 절차를 다음과 같이 6단계로 구조화하였다.127)

1단계: 정보 조직과 결론 도출(organizing information and deriving conclusion) –학생은 제한된 경험과 불완전한 정보에 기초해 잠정적 결론을 도출한다.

2단계: 자신의 입장 발표(presenting and advocating position) –학생은 자신의 주장과 이유를 발표하고 지지를 호소한다.

3단계: 반대 관점을 경험(being challenged by opposing views) –학생은 다른 관점을 가진 학생들의 주장을 경험하고 서로의 주장을 비판한다.

4단계: 개념갈등과 불확실성 경험(conceptual conflict and uncertainity) –학생들은 개념적 갈등을 경험한다.

5단계: 지적 호기심과 관점채택(epistemic curiosity and perspectives taking) –학생들은 보다 분명하고 자세한 정보를 얻으려는 욕구와 관점의 변경을 통해 보다 분명한 입장을 선택하려고 노력한다.

---

126) 장호욱외, "e-러닝 환경에서의 협력학습 모델 및 지원도구 분석", 『전자통신동향분석』 제20권 제1호, 2005, p.140.
127) 정문성 김동일, 같은 책.

6단계: 재 개념화와 종합 및 통합(reconceptualization, synthesis, and integration) -학생들은 더 수집된 정보와 재 개념화로 자신의 입장을 종합하고 통합한다.

사. 의사결정수업(DME: Decision Making Episodes)

학생들이 배워야 할 내용을 하나의 에피소드로 만들어 그 에피소드를 완성하는 과정에서 자연히 도달해야 할 목표와 내용을 학습할 수 있도록 한 것이며, 수업목표설정, 교사의 배경설명, 학습 과제지의 배포, 예비 결정지의 배포, 의사결정지의 배포, 각 집단의 발표, 평가의 순으로 진행된다.[128] 학생들의 활발한 토론과 상호작용이 가능하며, 수업 이야기 자료(에피소드)를 이용하여 학생들의 흥미와 호기심을 끌 수 있다. 협동학습 구조의 장점을 살려 개인적 의사결정을 토대로 집단적 의사결정을 함으로써 합리적 의사결정을 하는 데 도움을 주는 학습모형이다.

지금까지 열거한 협동학습 유형을 각각의 상황에 적합한 협동학습 유형으로 다음과 같이 설명할 수 있다.[129]

집단 간의 경쟁을 촉진시키고자 한다면 TGT(팀 경쟁학습) 모형을, 학습자들의 자율적인 조사 활동에 필요한 자료를 많이 구비하고 있는 경우라면 Co-op Co-op 모형(자율적 협동학습)을 선택하는 것이 유리하다. 또한 협동학습과 개별화 학습을 병합시키고자 하는 경우라면 TAI(팀 보조 개별학습)을, 집단의 학습 활동에 대해 객관시험점수를 부가하여 학습자들의 성취도를 평가하고자 하는 경우는 Jigsaw Ⅰ, Ⅱ, Ⅲ 모형 (전문가 활동)이나 STAD (성취과제 분담 학습 또는 학생 팀 성취학습) 모형을 사용하는 것이 좋다.

교수자가 학습자들에게 조사 활동시키고자 하는 내용에 있어 해박한 지식을 가지고 있어서 집단 학습 활동에 깊숙이 관여할 수 있는 주제를 협동학

---

128) 장호욱외, 같은 책, p.140.
129) 임선빈, "협동학습의 실천적 접근 방안 모색", 교육공학연구, 제13권 제2호, 1997, p.276.

습시키고자 할 경우, GI (집단조사 또는 집단 탐구학습) 모형이 적합하다.

학습내용을 작은 부분으로 나누어 학습시키고자 할 경우 Jigsaw Ⅰ, Ⅱ, Ⅲ 모형 (전문가 활동)이 적합하며, 기능에 대한 학습보다는 개념에 관한 학습을 시키고자 할 경우, Jigsaw Ⅰ, Ⅱ, Ⅲ 모형 (전문가 활동)이 적합하다.

이상과 같은 협력학습모형들은 크게 문제중심 학습, 프로젝트 학습, 탐구조사 학습, 토론 학습에서 이용된다.[130]

문제중심학습은 강의법을 지양하고, 문제를 제시하여 그것의 해결을 통해 학습이 이루어진다. 실제 사회에서와 같은 복잡하고 비구조적이며 실제적인 특성을 지닌 문제를 해결하기 위해서 학습자들은 문제해결을 위한 학습목표를 토론을 통하여 스스로 정하고, 역할을 분담하여 개별학습 과제를 정하고, 과제를 해결하는 과정을 통해서 관련 지식을 익히고, 문제해결능력 및 협동학습능력과 자율학습능력을 기르게 된다.

프로젝트 학습은 특정 주제에 대한 심층적 연구로서 소집단(전체 또는 개인)의 학생들이 협력하여 학습할 가치가 있는 특정 주제에 대하여 심층적으로 연구하는 목적-지향적 수업활동이다.

탐구조사 학습은 학습자 스스로가 문제를 제기하고, 가설을 형성하고, 실험을 설계하고, 데이터를 수집하고, 가설을 검정하고, 결론을 내리는 탐구과정으로 이루어진다.

토론 학습은 공통 주제를 논의하거나 문제를 풀어나가기 위하여 교사와 학생, 혹은 학생들끼리 일정한 규칙과 단계에 따라 대화를 나누는 수업방법으로 학생의 참여와 역할이 강조된다.

면대면 협력학습모형들은 공통적으로 준비, 도입, 전개, 정리의 4가지 절차를 가지고 있으며, 각 절차는 공통적인 학습 단계들을 가지고 있다.[131] 학

---

130) 정영란, "웹 기반 프로젝트 중심학습이 학습자의 태도, 학습 결과 및 성찰적 실천에 미치는 영향", 한양대학교 대학원 박사학위논문, 2003.

131) H. S. Barrows, "Problem-based Learning", *IL: Southern Illinois University of Medicine*, 1994. 장호욱, 서희전, 문경애, "e-러닝 환경에서의 협력학습 모델 및 지원도구 분석", 전자통신동향분석 제20권 제1호, 2005. 2, p.142. 재인용

습 절차와 단계에 따라 협력적 활동 요소를 추출할 수 있는데, 각 절차별 활동 요소는 다음과 같다.

① **학습 준비**; 학습 방법 및 절차 인식과 공동 목표를 위한 팀을 구성하고 학습 평가 방법 및 기준을 확립하며 개인별 능력을 확인한다.

② **학습 도입**; 전체학습목표를 확인하고 팀별 목표를 합의하며 개인별 과제를 부과하고 역할분담을 하여 팀의 일정을 정립한다.

③ **학습 전개**; 개인별 과제 해결 계획을 수립하고 계획에 의한 정보 탐색 및 수집, 개인별 지식 구축 및 비교, 팀 내 지식 구축 및 공유 그리고 팀 간 협력학습 지식을 구축한다.

④ **학습 정리**; 학습 결과 발표 및 의견 교류의 단계로 결과물을 정리하고 교수자와 상호작용으로 개인 및 팀의 과제를 평가한다. 마지막으로 학습 결과에 대한 반성과 성찰을 한다.

위에서 기술한 학습 활동은 고차적 사고력 향상 및 문제해결 활동을 중심으로 활발한 상호작용과 커뮤니케이션 활동과 협력 시 소집단 중심의 활동을 강조하고 있다. 이와 함께 교수자의 사전 준비와 설계활동이 중요한 역할을 하면서, 면대면 및 e-러닝 환경에서 공통적인 적용이 가능한 특징을 가지고 있다.

② e-러닝 기반의 협동학습과 협력학습

면대면 학습모형과 e-러닝 환경에서의 학습공동체 및 협력활동 유형을 종합하면 e-러닝에서 적용 가능한 협력학습모형을 일반적 협력학습모형, 협력적 토론 학습모형, 협력적 아이디어 생성 모형으로 구분할 수 있다.[132]

---

132) Insook Lee, Jung Hoon Leem, Sunghee Jin, Eun Mo Sung, Kyung Ae Moon, and Hee Jun Suh, "Analysis of Collaborative Learning Behaviors and the Roles of Collaborative Learning

웹 기반 협력학습은 인터넷을 활용한 원격교육의 형태로서 컴퓨터를 매개로 한 통신 네트워크를 기반으로 학습자, 운영자, 학습내용 간의 상호작용을 통해서 다양한 학습 활동이 일어나도록 하는 교수·학습 환경이다. 또한, 집단 구성원의 상호작용을 통해서 집단에 부여된 학습목표를 공동으로 달성하여 그 집단 구성원 전체가 유용한 학습효과를 달성하는 방법으로 집단 구성원 간의 의사소통, 정보 검색, 정보 생성을 위하여 웹의 자원을 활용하는 방법이다.[133)

일반적 협력학습모형은 면대면 협력학습과 e-러닝 환경에서 이루어지는 협력학습 활동을 종합하여 구성된 것이고, 협력적 토론학습모형은 면대면환경의 토론학습모형보다 차별화되고 독립적인 협력학습모형으로 제시할 수 있는 Pro-Con 논쟁수업 모형을 바탕으로 구성되며, 협력적 아이디어 생성 모형은 e-러닝 환경에서 학습자들이 학습공동체를 형성하여 상호 협력하면서 공동으로 아이디어를 함께 생성하고 공유해 나가는 데 주안점을 둔 모형으로 면대면 학습 환경에서는 교수자가 설계·기획하고 진행해 나가는 데 초점을 두고 있는 반면, 이 모형은 학습자들이 스스로 목표와 과제를 설정하고 새로운 아이디어를 창출하기 위해 상호 협력해 나가는 데 초점을 둔 모형이다.

웹 기반 협력학습은 비고츠키(Vygotsky)의 상황 학습을 이론적 기반으로 삼고 있으며 내용, 맥락, 공동체, 참여 등과 같이 4가지 기본 요소로 구성된다.[134)

첫째, 내용은 과제와 관련된 것으로서 문제 상황이 해결되는 데 필요한 협동학습의 기회를 제공한다.

둘째, 맥락은 내용을 학습하는 상황이나 단서로서 학습자가 경험을 이끌어 내어 사용하게 하며, 자신이 위치한 사회적, 심리적 상황과 내용에 참여하게 한다.

Agent", *Proc. E-Learn*, 2004, pp.2748-2754.

133) 백영균외, 같은 책.

134) 권숙진, "웹 기반 학습 환경에서 학습자 간 상호작용 지원을 위한 협력학습 플랫폼 프로토타입 개발", 한양대 대학원 석사학위논문, 2000.

셋째, 공동체는 상황의 의미를 만들고 협상하는 집단으로서 특정 주제에 대해 다양한 관점으로 볼 수 있게 해주며, 다른 사람과 대화하는 데 필요한 상호작용 공간을 제공해 준다.

넷째, 참여는 상호작용 과정을 나타내는 것으로서 정보와 아이디어를 교환하고, 문제해결을 시도한다. 또한, 다른 학습자나 콘텐츠와 적극적으로 상호작용하여 공동체에 참여한 학습자들끼리 의미를 성찰하고 해석하며, 협상을 수행하게 된다.

가. 협력학습 활동과정

웹 기반 협력학습은 공존 단계, 인식 단계, 협동 단계를 거쳐 진행된다.

첫째, 공존은 동일 공간에 동료와 함께 서로 협력하고 있다고 느끼는 것을 말한다. 웹 환경에서는 게시판이나 채팅 등을 통해 물리적인 거리감을 해소함으로써 공존의식을 느낄 수 있다.

둘째, 인식은 사회적 인식, 과제 인식, 개념 인식, 학습 공간 인식으로 구분된다. 사회적 인식은 자신과 동료 학습자의 역할과 기대 등 사회적 관계를 아는 것을 말한다. 과제 인식은 과제 수행에 주어진 시간이나 필요한 시간을 아는 것을 말한다. 개념 인식은 관련 지식을 어떻게 활용해야 하고, 필요한 것과 수정이 필요한 부분을 아는 것을 말한다. 학습 공간 인식은 학습 공간 내에 누가 있고, 어디에 있으며, 다른 학습자의 학습 진행 과정을 아는 것을 말한다.135) 이러한 인식 수준이 높아지면 협동학습이 보다 효과적으로 이루어질 수 있다.

셋째, 협동은 도입, 학습, 공유를 통해 이루어진다. 도입은 자신이 속할 모둠을 선택하고, 협동 기술을 배우고, 학습할 주제를 선정하는 단계이다.

---

135) Gutwin, C., & Greenberg, S., "A Framework of Awarencess for Small Group in Shared-workspace Groupware", *Technical Report* 99-1, Dept. of Computer Science. University of Saskatchewan, Canada, 1999.

학습은 각 모둠에서 맡은 주제를 해결하기 위해 동료 간에 상호의존하며, 개별적으로 자료를 모아 발표하는 단계이다. 공유는 각 모둠별로 의견을 발표하고 이에 대한 성찰과 반성을 하는 단계이다.

나. 지식 구성 활동

웹 기반 협동학습에서 가능한 지식 구성 활동은 다음과 같이 개인 간 활동, 구성원 간 활동, 웹 사이트 간 활동 등으로 이루어진다.[136]

첫째, 개인 간 활동은 대인 교류 활동(interpersonal exchanges)을 뜻한다. 멀리 떨어져 있는 모둠 구성원과 상호작용할 수 있는 기회를 제공함으로써 구성원들은 서로가 얼마나 다른 관점에서 세계를 이해하고 받아들이고 있는지를 알 수 있다. 이러한 활동에는 펜팔, 세계 교실, 전자 소개, 전자 도우미 등이 있다.

둘째, 구성원 간 활동은 정보수집 활동(information collections)을 뜻한다. 수집된 정보를 분석하고 분배하며, 조직하고 정보를 제시하는 데 목적이 있다. 정보활동은 모둠 구성원 모두가 참여하고 과학적인 방법을 내면화할 수 있도록 도와주며, 정보를 읽고 쓸 줄 아는 기술을 강화시킨다. 이러한 활동에는 정보 교환, 데이터 생성, 전자 출판, 정보 분석 등이 있다.

셋째, 사이트 간 활동은 문제해결 프로젝트 활동(problem-solving projects)을 뜻한다. 이 프로젝트는 개인, 소집단, 다중 집단과 관련된 문제에 초점을 두고, 사이트 간의 높은 수준의 협력과 조직화를 필요로 한다. 모둠 구성원들은 내용 목표 외에 과제 관리 기술을 배울 기회를 갖는다. 이러한 활동에는 정보 검색, 병렬 문제해결, 전자 출판하기, 시뮬레이션, 사회 활동 프로젝트 등이 있다.

---

136) Harasim, L., Hiltz, S., Teles, L., & Turoff, M., *Learning Network*, (Cambridge, Massachusetts: MIT Press, 1995).

변영계와 김영환에 의하면, 웹 기반 협동학습의 모형은 모둠의 응집성에 따라 <표 2-5>와 같이 사회 응집성 관점과 동기론적 관점으로 구분할 수 있다고 하였다.

사회 응집성의 관점은 협동 기술을 강조한 것으로 과제 분담 학습모형 I, II, 집단 탐구 모형, 협동을 위한 협동학습모형, 의사결정 모형으로 구분된다. 또한, 동기론적인 관점은 협력적인 상호작용을 촉진하는 집단 보상을 강조한 것으로 성취 과제 분담 학습모형과 팀 경쟁 학습모형이 있다.

<표 2-5> 웹 기반 협동학습의 모형

구 분	모 형
사회 응집성 (협동 기술)	• 과제 분담 학습모형 I (Jigsaw I) • 과제 분담 학습모형 II (Jigsaw II) • 집단 탐구 모형 (GI: Group Investigation) • 협동을 위한 협동학습모형 (Co-op Co-op) • 의사결정 모형 (Structured Individual-Then-Group Decision Making Episodes)
동기론적 (보상)	• 성취 과제 분담 학습모형 (STAD: Student Teams Achievement Division) • 팀 경쟁 학습모형 (TGT: Teams-Games-Tournaments)

3) e-러닝 기반 협력학습의 교육적 효과

선행 연구에서 e-러닝 기반 협동학습이나 협력학습의 교육적인 효과를 정리하면 다음과 같이 요약할 수 있다. 언제 어디서나 다양한 멀티미디어 자료를 통해 신속한 정보를 제공하고, 적극적인 상호작용을 통해서 능동적이고 긍정적인 태도를 갖게 하여 학습자의 학업성취도를 향상시킨다.

① 학업성취도가 향상된다.

웹을 통한 사회적 상호작용의 증가로 발생될 수 있는 가장 큰 교육적 효과는 학업성취도의 향상이다.[137) 김영희와 전영국이 중학교 1학년을 대상으로 Jigsaw를 이용한 웹 기반 협동학습을 운영한 결과 학업성취도가 크게 향상되었음을 보였다. 한편, 협동학습이 인간주의 교육 관점에서 주로 정의적 효과에 치중한다고 보는 것은 오해이다. 오히려 협동학습의 주된 목적은 학업성취도를 향상시키는 데에 있다.[138) 즉, 학습자들 간에 역동적인 상호작용의 기회를 제공함으로써 긍정적인 대인관계의 형성을 도와주며, 이러한 상호작용을 통해 학습자들은 고차원적인 추론 전략과 학습 방법을 통해서 성취동기를 유발시키고 학업성취도를 높일 수 있다.

② 능동적인 학습참여를 촉진시킨다.

협동학습 상황에서는 모든 모둠 구성원들이 그 모둠의 학습목표를 달성하는 데 함께 기여하기 때문에 모든 개인은 상당히 많은 성공 경험을 갖게 된다. 이러한 성공 경험은 학습 태도 및 학습 동기에 영향을 크게 미치고[139), 동료들 간의 사회적 상호작용을 활성화시킴으로써 능동적인 학습참여를 촉진시킨다. 주어진 과제를 해결하지 않으면 다른 학습자들에게 도움을 줄 수 없고 공동의 목표를 달성할 수 없으므로 아이디어와 정보를 제공하기 위해 자신의 학습에 능동적으로 참여하게 된다. 아울러 웹에서 제공되는 자료와 정보들은 하이퍼미디어 형태의 멀티미디어 자료들이기 때문에 학습자 자신의 인지 구조에 맞게, 자신의 학습 속도와 학습 능력대로 정보들을 재구성해

---

137) Barrows, 같은 책.
138) 한상훈, "성인학습자의 교육 참여 동기와 자기주도학습의 관계", 평생교육학연구, Vol.9, No.3, 2003.
139) 방미란, 같은 책.

나가면서 자기 주도적으로 학습해 나갈 수 있다.

③ 적극적인 상호작용 환경을 제공한다.

쌍방향 상호작용이 가능한 웹과 다양한 매체를 활용하여 보다 쉽고 편리하게 학습자와 학습자, 학습자와 교사 사이에 원활하고 풍부한 상호작용이 가능해졌다.[140] 혼자 학습하면서 이해할 수 없는 부분에 대해 교사에게 질문을 한다거나 학습 주제에 대해 심화·보충 활동을 하는 데 교사의 직접적인 도움을 받을 수 있다. 따라서 웹 기반 협동학습은 그 어떤 매체보다도 정확하고 신속하게 동기적·비동기적인 상호작용이 가능하다.[141] 또한, 학습 공동체 내의 적극적인 상호작용을 통해 실제 경험을 대신할 수 있는 지식을 쌓을 수 있다.

④ 언제 어디서나 학습에 참여할 수 있다.

웹을 이용한 가상공간에서 학습 활동이 이루어지므로 물리적 제한이 없고 원하는 때에 언제든지 시간과 공간을 초월한 대화와 토론 활동이 가능하여 학습자들이 협동학습에 균등하게 참여할 수 있는 기회를 보장한다.[142] 또한, 시간적 제약이 없어짐으로써 온라인상에 이미 저장되어 있는 동일한 주제에 대한 서로 다른 학습 결과물을 비교해 봄으로써 학습자들의 평가 능력이 향상되고, 현재의 학습 결과물이 나중에 실시되는 학습 활동에도 영향을 미칠 수 있다.

---

140) 한상훈, 같은 책.
141) 방미란, 같은 책.
142) 임정훈, "웹 기반 문제해결학습 환경에서 소집단 협동학습 전략이 온라인토론의 참여도와 문제해결에 미치는 효과", 서울대학교 대학원 박사학위논문, 1998, p.56

⑤ 다양한 멀티미디어 자료를 제공할 수 있다.

웹 문서는 다양한 형태의 멀티미디어 자료를 포함할 수 있기 때문에 효율적이고 입체적인 교육 자료를 구성할 수 있다. 이 자료에는 하이퍼링크에 의하여 다른 자료와 유기적으로 연결시킬 수 있어 입체적이고 역동적인 자료를 제공할 수 있다. 또한, 멀티미디어 자료는 디지털화 된 자료이기 때문에 데이터베이스로 체계적인 자료 관리를 할 수 있어 내용을 보완하는 등의 유지 보수가 용이하고, 검색 기능을 통하여 관련되는 내용을 효율적으로 찾거나, 다양한 형태로 출판할 수 있는 장점을 가진다.[143]

⑥ 신속하고 다양한 정보를 제공한다.

다양하고 풍부한 정보를 신속하게 주고받을 수 있다. 면대면 협동학습 상황에서는 협동학습이 이루어질 때 참조할 수 있는 학습내용이나 학습 자료가 한정적일 수밖에 없다. 그 이유는 한정된 공간에서 한정된 시간에 주어진 협동학습 과제를 완수하기 위해서는 현재 사용 가능한 자료만을 가지고 대화나 토론을 진행해야 하기 때문이다.[144] 그러나 웹 기반 협동학습 시스템은 인터넷이 연결된 컴퓨터만 있다면 언제 어디서나 정보를 즉각적으로 찾아볼 수 있을 뿐만 아니라 학습자가 정보의 소비자에서 정보의 제공자로 탈바꿈할 수도 있고, 고정된 교과서상의 자료뿐만 아니라 지속적으로 갱신되는 최근의 정보를 어떤 매체보다 빠르게 탐색·공유할 수 있다.

---

143) 한상훈, 같은 책.
144) 김주희, "웹 기반 협동학습에서 집단구성 방법이 학업성취 및 태도에 미치는 영향", 안동대학교 교육대학원 석사학위 논문, 2001.

⑦ 긍정적인 태도를 갖게 한다.

정의적 영역에서 웹 기반 협동학습이 학습자들의 학습 동기, 학습 과제에 대한 이해도, 흥미도 등에서 긍정적인 효과가 있으며, 코스웨어에 대한 학습자들의 기대감도 긍정적이다.[145) 웹 기반 협동학습에서는 긍정적인 대인관계가 형성되어 집단 내 신뢰적 분위기와 우정 관계 등의 상호 영향력이 증대되고, 성적이 낮은 학습자들이 협동적 상황에서 큰 이득을 보게 되어 학업성취에 기여하며, 학습자들로 하여금 학습 환경과 관련된 타인들에 대해 긍정적인 태도를 가질 수 있다. 또한, 자신에 대한 긍정적 자아 개념을 가지게 되어 자기 자신에 대한 이해를 넓힐 수 있으며 나아가 타인에 대한 장점과 단점에 대한 파악을 통해 자신은 물론 타인도 총체적으로 거부하지 않게 된다.[146) 혼자서는 시도하기 어렵다 싶은 일도 여럿이 하다 보면 자신감이 생기게 되어 주어진 과제에 대한 도전을 하는 데 필요한 적절한 기질, 성향, 태도 등이 형성된다.

⑧ 학습자 간의 위화감이 해소된다.

교실에서의 TGT(Teams Games Tournaments) 협동학습모형은 게임의 진행상에 학습자의 수준이 드러나므로 학습자 간에 위화감을 조성하는 등의 문제점이 발생하였다. 그러나 TGT 협동학습모형을 웹으로 적용한 결과 학습자의 위화감이 많이 해소되었고 학습 만족도, 흥미도, 적극성, 자신감, 성취 기대, 이해도의 측면에서 긍정적인 효과를 나타내었다.[147)

---

145) 박정욱, "STAD 협동학습모형을 이용한 효과적인 연역추리지도에 관한 연구", 신라대 교육대학원 석사학위논문, 2003, pp.42-43.
146) 정문성, 김동일, 같은 책.
147) 정미경, "웹 기반 TGT 협동학습모형 구현 및 적용", 안동대학교 교육대학원 석사학위논문, 2003.

⑨ 커뮤니케이션 활용 능력이 향상된다.

웹에서 제공하는 다양한 멀티미디어 자료를 활용함으로써 학습자에게 흥미와 참여도를 증가시키고, 컴퓨터 매개 통신에 대한 긍정적인 태도를 갖도록 해주며, 네트워크 상에서의 커뮤니케이션 기술을 익힐 수 있는 계기를 마련할 수 있다.[148] 그리고 자신의 의견을 효과적으로 전달하기 위해 적절한 상호작용 도구를 선택할 수 있는 안목이 생기고, 그 도구를 실제로 활용하여 자신의 의견을 효과적으로 전달할 수 있게 된다.

⑩ 사회화 과정을 촉진시킨다.

Dumas에 의하면 협력학습은 건설적인 사회화를 증진시키고, 다양한 문화를 접할 수 있게 한다. 즉, 협동학습을 통한 상호작용은 동료 간의 신뢰, 서로에 대한 적극적인 태도, 다른 사람에 대한 책임감, 타인에 대한 존경심을 가져온다.[149] 그리고 협동적인 사회적 상호작용의 필요성을 인식하고 이에 적응하도록 함으로써 미래 사회에 대비시키는 교육에 필수적이며, 협동학습을 통해 우수한 학습자는 자신보다 열등한 학습자를 가르치는 과정을 통해 지도력이나 자부심, 갈등 해결 기술 등의 부분에서 이득을 얻을 수 있다.[150] 웹 페이지를 통해 지역사회에 유용한 학교 활동들에 대한 정보를 제공하고 그러한 프로젝트에 학습자들을 협동으로 참여하도록 하여 지역사회의 이점을 발견해 냄으로써 지역사회와 학습자 간의 의사소통을 더욱 활발하게 하고 활동적인 학습을 유도해 낼 수 있다.[151]

---

148) 김주희, 같은 책.
149) 김성식, 김민조, "학습자의 사회적 상호작용 증진을 위한 웹 기반 협동학습 시스템의 설계 및 구현", 컴퓨터교육학회논문지, 1999, pp.179-188.
150) 변영계, 김광휘, 같은 책.
151) 박혜순, "웹 기반 환경에서의 협동학습 적용방안에 관한 연구", 아주대학교 교육대학원 석사학위논문, 2000.

⑪ 지식을 활용하고 창출할 수 있는 능력을 키운다.

온라인상의 학습 과제를 여러 명의 학생들이 공동으로 해결하는 협력 e-러닝은 학생들의 자발적인 참여를 유도하면서, 지식의 단순 수용능력이 아닌 지식을 활용하고 창출할 수 있는 능력을 갖춘 인재 육성을 위한 새로운 교육방식으로 주목받고 있다.[152]

이상과 같이 e-러닝 기반 시각디자인교육을 위한 인식론적 접근은 본 연구의 이론적 배경이 된다. 지금까지 서술한 e-러닝 기반 시각디자인교육의 특징은 다음과 같이 세 가지로 정리할 수 있다.

첫째, e-러닝 기반의 시각디자인교육은 구성주의의 특징인 능동적 학습, 문제중심학습, 협력학습, 실제적 과제 등과 같이 구성주의 학습을 실현할 수 있는 부분이 많다는 점이다.

둘째, 시각디자인교육은 논리적 사고와 창의적 작업이 복합적으로 이루어져야 하므로 활발한 상호작용이 있어야 학습의 효과를 높여 결과물의 완성도를 높일 수 있다. 따라서 과제와 토론을 통해서 교수자와 학습자, 학습자와 학습자 간의 상호작용을 유도할 전략을 필요로 한다.

셋째, 타 교과목에 비해서 이미지를 포함한 멀티미디어 자료가 많다는 점이다. 이들 자료를 효과적으로 학습할 수 있게 구현할 수 있는 전략이 필요하다.

이 밖에도 디자인 활동은 아이디어와 현실적 이미지의 구체화 과정이므로 창조적 이미지의 형성에서 디자인 목적을 향한 이미지를 구현하는 시각화의 단계에 이르기까지 일련의 탐구적인 과정 중심의 학습이 이루어져야 한다. 즉, 디자인 학습의 발상과 구상단계에서 문제의 인식과 분석, 아이디어의 전개와 검토과정은 디자인교육의 중심이 되므로 결과 중심의 학습보다는 팀을

---

152) 이상수, "면대면 학습 환경과 온라인 실시간／비실시간 학습 환경에서의 상호작용 패턴 분석", 교육공학연구, Vol.20, No.1, 2004, pp.63-68.

이루어 작업하는 것이 디자인교육의 의의를 살려나갈 수 있다. 따라서 본 연구에서는 이를 실행할 수 있는 교육방법으로 구성주의 인식론을 기반으로 하는 협력학습을 실행하고자 하였다.

IV

e-러닝 기반 시각디자인교육에서
"디자인 문제해결 프로세스에 의한
협력학습(CLDP)"

Ⅱ장과 Ⅲ장을 통해서 본 연구의 이론적 배경이 되는 구성주의 인식론을 기반으로 협력학습을 선정할 수 있었다. 협력학습을 실행하기 위해서는 기획단계에서부터 평가단계에 이르는 모든 과정이 효율적으로 이루어지도록 하는 시스템적 모형이 필요하다. 이 장에서는 전 장의 구성주의 인식론을 기반으로 디자인의 학습목표인 창의성과 디자인종합화 능력을 키울 수 있는 본 연구모형의 개관 및 실행과정을 기술하였다.

1.

디자인 문제해결 프로세스

디자인 이론가인 빅터 파파넥(Victor Papanek)은 '디자인'을 "의식적이고 직감적인 노력으로 의미 있는 규칙을 만드는 것"이라고 정의하였다.153) 디

---

153) Victor Papanek, *Design for the Real World*, 2nd end., (Chicago: Academy Chicago Pubs, 1985), pp.3-6.

자인은 추상적인 목적을 이미지로 구체화 하는 작업이며 결국 디자인프로세스에 의해서 디자인은 완성된다고 할 수 있다. 과거에는 디자인이 형태와 기능에 치중하는 기술적 프로세스를 요구하였다면 오늘날엔 사용자 중심의 상징적이고 의미를 풀어가는 창조적인 디자인 프로세스 방법론이 필요하다.

디자인은 하나의 합리적인 사고를 수행하고 전개하는 과정이며 이를 위한 합리적인 프로세스는 필수적이다.[154] 문제해결 프로세스는 지식과 교육의 본질 속에서 폭 넓게 적용되는 다양한 활동을 포함하고 있으며, 창조적 과정을 돕는 활성제이다. 이 과정은 다양한 관점에서 볼 수 있는 연속적 사건, 단계, 과정들로 설명된다. 그것은 최종목표에 다다르는 창조적 활동을 이끄는 계획적이며 체계적인 도구이다. 문제해결 프로세스에서 사용되는 다양한 변수는 특정한 문제를 조직적으로 정리할 수 있기 때문에 바람직한 결과를 얻을 수 있을 뿐만 아니라 많은 시간과 자원을 절감시킨다. 개인이든, 소수의 모임이든, 또는 큰 조직이든 이와 같은 방법과 체계적 과정을 그들의 디자인 문제점에 최적화시켜 사용하고 적용한다. 디자인 실습은 외관상 단순히 개인적이고 비형식적인 수준으로 수행되기도 하며, 또는 많은 인원과 강제성을 수반하는 공식적이고 거대한 규모로 수행되기도 한다. 어느 경우에나, 만족스러운 해결은 정보의 특정한 형식들이 적정하게 조합되고 정리됨으로써 얻어진다. 단기간의 잘 규정된 문제들은 문제점 → 분석 → 아이디어 전개 → 선택 → 수정 → 전개의 선형과정을 이용할 수 있고, 반면에 복잡하고 규정되어 있지 않는 문제들은 최종적으로 해결책이 선택(select), 수행(implement), 전개(evaluate)되기 전에 창조와 전개의 순회를 여러 번 거듭해야 한다.[155] 그러므로 디자인 문제해결 프로세스는 합리적으로 계획되어진 결과에 도달하기 위한 과정을 시스템화한 것이다.

디자인 문제해결 프로세스에서 문제는 디자인의 영역별로 다양하고 복잡하다. 차드윅(G.Chardwick)에 의하면 문제란 '목표＋목표에 이른 장애'라고 정의

---

154) 최성운, Design, 조형사, 2001, p.93
155) 찰스 왈쉬레거, 원유홍 옮김, 『디자인의 개념과 원리』, (서울: 안그라픽스, 1998), p.8

하고 목적을 추구하는 주체와 그 주체의 환경이미지 사이에 존재하는 긴장상태라고 정의했다. 원래 우리가 사용하는 '문제'라는 용어는 그리스말 'problema'에서 유래했다. 이 어원을 분해해 보면 'pre(내 앞에)'와 'blema(던져져 있는 장애물)'이 되겠는데 주체인 나와 장애물 사이에는 항상 긴장상태가 존재한다.[156] 즉, 우리가 살고 있는 환경은 문제해결의 연속이며 디자인 활동은 인간 생활의 문제를 해결하면서 쾌적한 환경과 문화를 만드는 것이다.

구성주의 관점에서도 문제해결에 관한 연구를 찾아볼 수 있는데, 구성주의에서 학습은 단순한 자극-반응 현상이 아니라 학습을 위해서는 자기조절과 성찰 및 추상화를 통한 개념적 구조의 수립이 필수적이다. 따라서 문제해결은 기계적으로 학습한 정답의 재생을 요구하는 것이 아니므로 문제를 인지적으로 해결하기 위해서는 먼저 나 자신의 문제로 간주하고 어떤 노력 끝에 목표에 이르는 길을 탐색하고 찾게 된다. 이와 같이 문제해결은 학습자가 스스로 보고 선택한 문제를 해결하면서 얻어지는 기쁨을 경험하도록 이끌어줌으로써 학습을 효과적으로 이끌어주는 동기유발이 된다.[157] 다시 말해 디자인 문제해결 프로세스는 구성주의 학습유형인 문제중심학습과 유사성을 지닌다. Ⅲ장에서 서술한 바와 같이 문제중심학습은 실제적인 문제와 관련된 지식을 조직하려는 교육적 전략이므로 시각디자인교육에서의 활용도가 높다. 시각디자인의 실무에서는 무(無)에서 유(有)를 창조하는 작업도 있지만 현행의 디자인 문제를 보완하여 리디자인(redesign)하거나 실생활의 커뮤니케이션을 위한 문제를 해결하는 경우가 많다. 따라서 실제적인 문제를 설정하여 진행하는 구성주의 학습유형인 문제중심학습이나 디자인 문제해결 프로세스는 e-러닝 기반의 협력학습의 학습유형으로 적절하다고 판단하였다.

디자인 문제해결을 위한 프로세스는 여러 학자에 따라 다양한 연구들이

---

156) 이정우, 『시뮬라크르의 시대』, (서울: 거름, 1999), p.145
157) L.P. Steffe & J. Gale편저, 이명근 옮김, 『교육과 구성주의』, (서울: 학지사, 2005), p.34. 요약.

진행되어 왔다. 일반적으로 이러한 모델들은 한 가지 대답이나 한 가지 해결책이 있는 것을 의미하지 않는다. 오히려 여러 개의 다양한 해결책들이 나올 수 있는 문제에 초점을 맞추는 경향이 있다. 본 논문에서 제시하는 디자인 문제해결을 위한 프로세스는 아래의 열거된 내용들을 참조하여 설계한 모형이다.

아처는 "디자이너를 위한 체계적인 방법"의 저서에서 디자인 프로세스를 5개의 상위단계 즉, 프로그래밍(programing), 자료수집(data collection), 분석(analysis), 발전 또는 개발(development), 커뮤니케이션(communication)에 대한 순환과정이라고 하였다.[158] 크리스토퍼존스(Christopher Jones)나 브루스 아처(Bruce Archer)는 문제의 정의 및 목적의 설정 → 자료 수집 및 분석 → 디자인 컨셉의 설정 → 최종안의 선정 및 발표의 순서로 이어지는 모델을 제시하였다. 이 같은 프로세스는 시스템적 접근에 바탕을 둔 것으로서 이왕에 주어진 문제를 분석적으로 풀어나가는 데는 효과적이지만, 새로운 문제를 찾아내거나 고도로 창의적인 해결안을 창출하는 데는 미흡하다는 지적을 받고 있다. 어떤 틀에 박힌 접근을 유도함으로써 얻어지는 성과도 상식에서 크게 벗어나지 못할 수 있다는 우려가 커지고 있는 것이다.[159]

프렌치는 <그림 3-1>과 같이 프로세스 진입 초기에 진행되는 신규 프로젝트에 대한 다양한 "요구(needs)"를 진술하는 문제분석과정에서 제품 및 소비자에 대한 여러 요소를 수집, 분석하고 그 결과를 다음 단계로 승계하는 "진술(statement)"과정으로 세분화하였다. 실체화를 위한 작업수행과정에선 각각의 진행 방법과 방식에 대한 일정한 형식을 계획한 다음 우선적으로 광범위한 해결안을 도출하도록 하는 과정을 세분화하였다. 마지막으로 계획의 구체화 및 상세화 과정에서 선택된 계획안들에 대해 세부적인 작은 핵심 사안들까지 다루도록 규명하고 있다.

---

158) L. B. Archer, "Synetics Method for Design", *Design*, (NY: Jan. 1964), p.50.
159) 정경원, 『디자인과 경영』 (서울: 미진사, 1997), p.129.

[그림 3-1] 프렌치의 문제해결 프로세스 모델

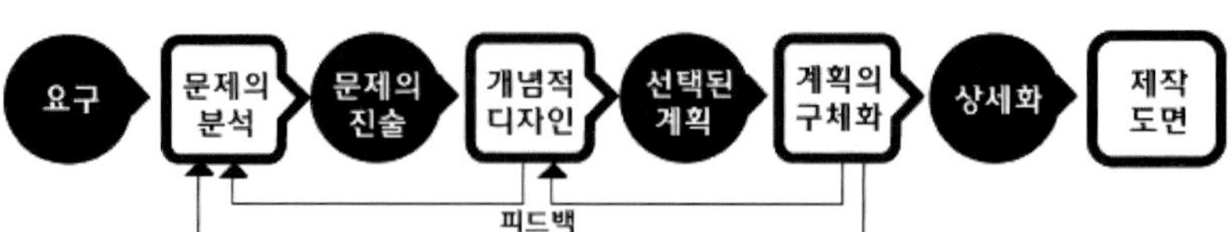

　이때의 최종 결과물들은 대개 일련의 스케치나 도면들이며 이 단계에서는 전 단계의 개념적 디자인, 즉 작업수행과정으로 자주 피드백 하도록 유도하고 있다.[160] 디자인 프로세스의 공통적인 요소 중 하나는 피드백이다. 문제의 해결과정에서는 디자인에 대한 변수와 다양성이 존재하므로 문제가 발생하거나 해결이 명료하지 않을 경우 피드백을 받아 다시 검토하는 것이다.

　아키라 하라다의 모델 [그림 3-2]는 전체가 세 개의 카테고리로 구성된다. 첫 번째 카테고리는 현 시장 상황을 파악해 제품 해석을 하는 일이다. 여기서 나온 문제점과 해결 방안을 체계적으로 정리하고 그다음에는 이윤 창출이 기대되는 시장인지를 판단하여 개발 여부를 결정한다.

　두 번째 카테고리는 상품으로 만들 제품의 사양을 결정하는 일이다. 보통 디자인 부문에서 자체에서 컨셉 모형을 몇 개 만들어 선택하곤 하는데, 이와 같은 방법은 자칫 시장에서 받아들이지 않는 예가 있으므로 주의토록 명시하고 있다. 하라다에 의하면 올바른 방법은 사용자를 임의 선별하여 그들의 입장에서 컨셉 모형을 구성할 수 있는 요인을 검색하고 그 가운데 어느 것이 어느 정도의 비중으로 중시되는지 검증하고 평가하는 것이다. 이는 디자이너가 의도한 컨셉 이미지와 신제품 사양과의 관계를 사용자 중심의 기준에 따라 평가하는 방법을 말한다.

　세 번째 카테고리는 디자인 및 설계 작업으로 진행되어 양산 단계로 이어진다.[161] 이와 같이 아키라 하라다는 1단계에서는 문제점 추출, 2단계에서

---

160) 미디어포스, "디자인 문제해결 프로세스를 통한 창의성 교육 콘텐츠 개발", 산업자원부 / 한국디자인진흥원, 2004, p.41.
161) 미디어포스, 같은 책, p.42.

는 검증과 평가 및 분석을 실시하고 3단계에서는 기술설계를 하는 모델을
제시하였다.

[그림 3-2] 아키라 하라다의 문제해결
프로세스 모델

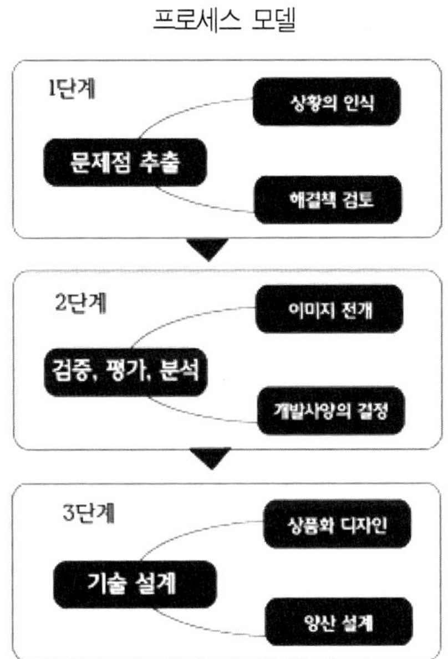

최길열[162])은 [그림 3-3]과 같이 디자인 문제해결 프로세스를 기호학과 접
목하여 다음과 같이 해석과정과 생산과정의 두 가지로 설명하고 있다.

첫째, '해석과정'은 소비자의 행동이나 그들과 관계있는 현상에 접근하는
것, 숨겨진 의미를 해석하는 것 그리고 그들을 이해하는 것을 말한다. 일반
적으로 인간 인지는 조사된 현상의 해석과 함께 시작된다. 즉, 소비자나 시
장과 관련된 자료수집과 함께 시작하는데 해석과정은 기호의 관찰과 의미해
석의 두 가지 내용을 포함한다. 기호의 관찰은 소비자와 시장에 속해있는

---

162) 최길열, 『디자인발상연구』, (서울: (주)주간디자인신문, 2000), pp.32-36. 요약.

광범위한 현상을 관찰하고 여기에서 의미 있는 현상을 찾는 것을 말하며 이
것을 '유징기호'라고 하는데 그것 자체에는 중요한 숨겨진 의미를 감추고 있다.
유징기호는 다양한 영역의 소비자의 실생활과 집단 문화 속에서 발견된다.

[그림 3-3] 기호학적 디자인 문제해결 프로세스[163]

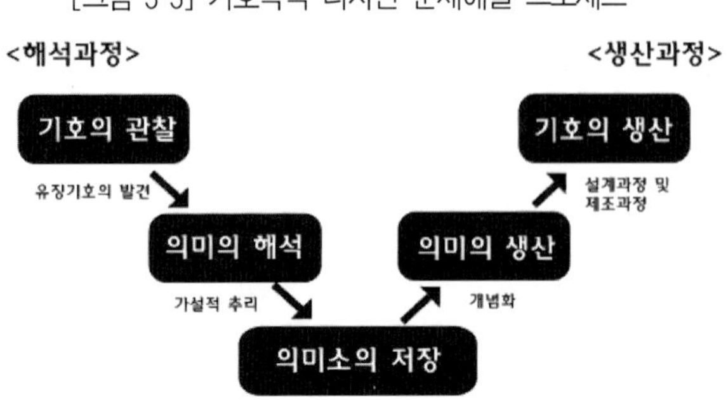

소비자의 물리적, 심리적 요구와 관련된 특별하고도 중요한 메시지를 운
반하여 여러 기호들 가운데서 유징기호를 찾는 것이다. 다음 단계에는 수집되
고 발견된 유징기호에 묻힌 숨겨진 의미를 해석하는 것이다. 누군가의 의미
가 해석되어야만 하는 유징기호에 직면할 때 가설적 추론법(abduction)이 사
용되며 이것은 일종의 인간의 통찰력을 말하며 물건으로부터 의미를 추출하
고 가설을 유도하는 자연적 직관력이다. 해석과정에서 이를 이용하여 유징
기호의 숨겨진 의미를 직관적으로 해석하게 된다. 유징기호의 의미를 해석
하여야 소비자의 잠재요구를 이해할 수 있다.

둘째, 생산과정은 해석된 의미로부터 새로운 제품 컨셉을 창출하는 것, 새
로운 제품을 만들어 내는 것을 말한다. 기호학적 용어로 제품과정이 해석된
의미 즉, 소비자의 잠재된 물리적, 심리적 요구로부터 출발하며 결국 제품
컨셉과 새로운 제품을 생산하는 것과 같은 새로운 의미를 창출한다. 이때도

---

163) Katsumi Hoshino "Semiotic Marketing and Product Conceptualization," in J. Umiker-Sebeok,
ed., *Marketing and semiotics*, (N.Y., 1987), p.48 최길열, 같은 책, p.33. 재인용.

역시 가설적 추론법을 사용하며 소비자의 요구에 부합하기 위해 몇몇 의미소를 선택하고 여러 방법으로 선택된 의미소를 마음속으로 종합함으로써 새로운 의미를 산출한다. 어떤 의미가 소비자의 요구를 만족시킬 것인가를 통찰력으로부터 막연히 실현시킬지 모른다. 시행착오를 통해 여러 분리된 의미 단위들을 조응시키고 조합하여 정확한 의미에 도달하는 방식으로 생산된 정확한 의미단위들을 심적으로 통한한다. 이로부터 형성된 가설처럼 새로운 제품 컨셉을 창출한다.

창의적인 문제해결 프로세스는 윌리암스(William)의 창의적 과정의 4단계가 대표적이고 오스본과 파네스(Osbon-Parnes)의 창의적인 문제해결 6단계가 널리 알려져 있다. 윌리암스는 창의적인 사고를 하는 단계를 제시하면서 창의적인 과정이란 '문제를 지각하고, 자료를 수집하는 준비기를 거쳐, 마음속에 항상 문제에 대해 생각하고 있는 부화기에 이르며, 순간적으로 새로운 아이디어가 떠오르는 조명기에서 최종아이디어를 검증하는 검증기에 이르는 일련의 단계를 거치는 것'이라고 정의하였다. 오스본과 파네스의 창의적인 문제해결력 단계는 문제덩어리 탐색(mess-finding), 자료 탐색(data-finding), 문제탐색(problem-finding), 아이디어 탐색(idea-finding), 해결 단계(solution-finding), 수용단계(acceprance-finding)의 6단계로 구성되어 있다.[164]

위의 내용을 종합해 보면 문제해결 프로세스는 창의성과 디자인 종합화 능력을 키울 수 있고 디자인교육의 목표를 효율적으로 이끌어 주는 활성제 역할을 할 수 있다. 또한 찰스 왈쉬레거가 지적[165]한 바와 같이 디자이너뿐만 아니라 경영, 마케팅, 엔지니어링, 제조, 교육, 시장조사 등의 다른 분야에도 이용된다. 즉, 디자인 문제해결 프로세스는 디자인 문제의 발견과 분석 그리고 해결이라는 과정을 거쳐서 디자인의 최종목표에 이르는 창조적 활동을 이끄는 계획적이며 체계적인 도구인 것이다.

그러나 디자인 분야에서의 문제해결 과정은 때로는 목적이나 계획에 의해

---

164) 미디어포스, 같은 책, p.45.
165) 찰스 왈쉬레거, 같은 책, p.8.

서가 아니라 직관에 의해서 빠른 시간 안에 연속적이고 즉각적으로 이루어지기도 하며 고도로 구조화되고 체계적인 방법에 의해서 오랜 시간에 걸쳐서 단계적으로 진행되기도 한다. 물론 문제해결의 사회적 과정은 특정 국가나 지역에 따라 서로 상이할 수 있고 사회문화적 맥락에 따라서도 다양성이 존재할 수 있기 때문이다.

이상과 같은 디자인 문제해결 프로세스에 대한 고찰을 통해서 본 연구에서는 시각디자인의 문제를 이해하고 커뮤니케이션 시각화를 해결하기 위한 학습유형으로 "디자인 문제해결 프로세스에 의한 협력학습(CLDP)"을 선정하였다. 학습자들은 본 연구모형의 시작단계에서부터 실제적인 문제에 직면하게 되고 문제는 디자인의 원인과 결과를 파악하기 위해 필요한 정보와 지식을 탐구하는 일련의 노력의 결과로 이어질 것이며, 문제해결기능과 추론기능 및 시각화 과정 그리고 발표능력을 키울 수 있는 교수방법으로 선정하였다.

2.
e-러닝 기반 "시각디자인교육에서 디자인 문제해결 프로세스에 의한 협력학습(CLDP)" 모형 개관

Ⅱ장에서 기술한 바와 같이 협력학습의 장점은 적극적인 상호작용을 통해서 능동적이고 긍정적인 태도를 갖게 하여 학습자의 학업성취도를 향상시킨다. 시각디자인교육에서의 협력학습은 팀원들의 디자인 결과물 산출을 위해

아이디어를 함께 모색하고 상호작용의 과정을 통해 학습 과제를 해결해 나감으로써 학습목표에 도달하게 하는 수업방법이다. 특히 e-러닝 기반은 학습자가 주도적으로 학습을 수행하므로 고립감의 해소와 여러 분야의 협업으로 이루어지는 디자인 실무 작업의 실제적 과제를 수행하는 역할을 할 수 있다.

디자인 프로세스는 디자인 문제의 성격에 따라 달라지며 디자이너가 해결해야 할 디자인 문제의 종류는 다양하다. 디자인 문제해결 프로세스는 주로 제품디자인 분야에서 제품을 시스템적으로 양산화하기 위한 디자인방법론으로 연구되어 왔으나 시각디자인 분야의 디자인 프로세스에서도 "계획되어진 결과에 도달하기 위한 과정을 체계화" 하는 측면과 "결과를 예측하고 작업의 명료성을 부여하기 위한 상호관계를 보여 준다"는 측면에서 제품디자인 분야의 프로세스 개념과 동일하다.

특히 본 논문은 협력학습을 하기 위한 모형이므로 디자인 문제해결은 디자이너 한사람의 능력보다는 팀 구성원의 능력의 총화로 작업이 진행되기 때문에 시각디자인 분야의 협력학습 유형에 적합한 디자인방법론이라고 판단하였다. 또한 구성주의 학습유형 중 하나인 문제중심학습에서 문제해결과정도 문제에 직면하기(Meeting the Problem), 탐구 / 정보탐색(Inquiry / Investigation), 해결책 만들기(Solution Building)라고 하는 과정으로 진행되므로 디자인 문제해결 프로세스와 그 기본 맥락 면에서 유사점이 많다.

이와 같이 본 연구모형은 모두 구성주의 인식론을 기반으로 하여 설계되었으며 궁극적으로 e-러닝 환경에서 시각디자인 학습에 대한 학업성취도를 높이는 데 목적이 있다. 또한 본 모형을 실행하는 과정 속에서 학습자 간의 결속력을 높이고 학습자의 태도를 변화시키고자 하는 것이다. 따라서 구성주의 학습유형인 문제중심학습과 여러 디자인 이론가들이 제시한 디자인 문제해결 프로세스를 종합하여 본 연구모형 (CLDP)을 설정하였다.

본 연구모형 (CLDP)을 [그림 3-4]와 같이 도식화 하였다. 그림에서와 같이 본 연구모형 전체를 포괄하는 가장 큰 틀은 능동적 학습, 문제중심학습, 협력학습 그리고 실제적 과제를 중심으로 하는 구성주의 인식론을 기반으로 설계하였고 구성주의 학습유형 중 하나인 문제중심학습의 문제해결 과정과 디자인 문제해결 프로세스를 종합하여 문제에 직면하기, 탐구와 정보탐색, 해결책 만들기의 순환과정을 거치는 것이다.

[그림 3-4] CLDP 모형의 개념

본 연구모형의 진행절차는 [그림 3-5]와 같이 학습의 준비단계, 수행단계, 평가단계의 3단계로 구성하였다.

학습의 준비단계는 학습목표제시, 주제제안, 주제토론 및 주제선정, 팀 구성의 순서로 진행하여 협력학습을 준비하고 문제를 파악하는 단계이다.

학습의 수행단계에서는 문제해결 프로세스에 의해 협력학습을 진행하게 된다. 문제정의(Problem Definition) → 정보수집(Information Gathering) → 아이디어 전개(Idea Finding) → 해결책 모색(Solution finding) → 프로젝트의 발표(Presentation)의 순서로 문제해결 프로세스를 진행한다.

[그림 3-5] CLDP 모형의 절차

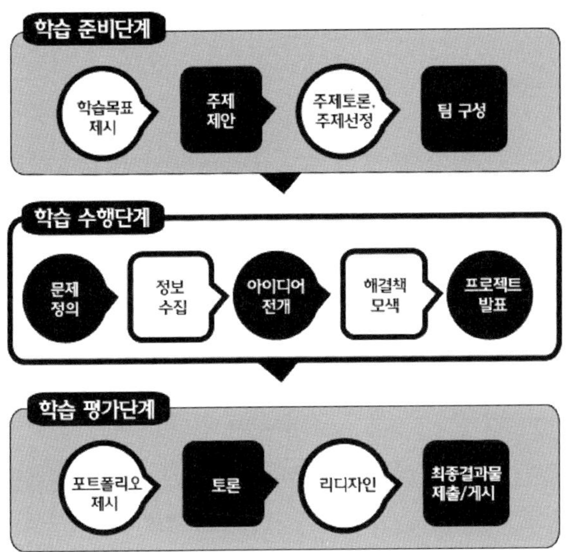

본 연구에서는 문제에 대한 정의를 '목적을 달성하려고 하지만 어떻게 목적을 달성할지 모르는 상태'166)라고 정의하였다. 이런 관점에서 시각디자인에서 문제정의는 디자인 작업의 시작이자 아이디어를 생성하기 위한 초기단계에 해당된다. 문제정의를 통해서 세부 주제를 인식하고 아이디어 설정범위를 규정하며, 정보수집 단계에서는 주제의 범위에 맞는 자료를 찾고 사진촬영을 통해서 문제에 대한 예측과 실행을 위한 준비를 한다. 아이디어 전개 단계에서는 문제해결 방안을 모색하고 디자인의 방향을 설정하여 구체적인 형태나 이미지로 표현한다. 문제해결능력과 통합능력 및 창의력을 바탕으로 문제의 분석과 아이디어 스케치를 한다. 해결책 모색에서는 결과를 예측하고 시각적 표현을 구체화시켜 문제의 결과에 대한 해결책을 시각화하는 단계이다. 마지막으로 프로젝트 발표는 팀원들의 세부주제를 통합하여 발표할 1차 파일을 만들고 종합하는 단계이다.

---

166) K. Duncker, "On Problem Solving", *Psychological Monographs*, No.58, 1945, p.270.

학습의 평가단계에서는 팀장이 프로젝트 결과를 발표하고 오프라인과 온라인을 통해서 토론을 거쳐 재 디자인을 하는 단계이며, 이 내용을 종합하여 재 디자인을 하고 2차 결과물을 제출한다. 마지막으로 교수자는 콘텐츠로 구성하여 업로드하고 학습자에게 강의콘텐츠로 제공된다.

1) 학습의 준비단계

학습의 준비단계에서는 학습자들이 주제를 인지하고 동기유발을 시켜 세부 주제를 설정하는 단계이다. 교수자는 본 연구모형을 시작할 때, 연구모형에 대한 개괄적인 설명으로 협력학습의 목표나 진행절차를 학습자에게 주지시킨다. 설명적인 글보다는 동영상을 촬영하는 것이 학습자들의 이해를 쉽게하며, 가능하다면 준비단계에서 오프라인 모임을 실시하는 것도 효과적이다. 시각디자인 문제해결을 위해서 학습자가 주제를 제안하고 주제 선택의 자유가 학습자에게 있으며 구성원 간의 토의과정을 중시하는 그룹조사 활동(GI: Group Investigation) 유형으로 진행한다. 주제에 대한 범위나 내용의 큰 틀은 교수자가 제시하고 문제를 발견하기 위해서는 학습자 스스로 주제를 제안하는 과정을 거친다. 주제 제안은 LMS의 팀 프로젝트 방이나 자유게시판을 통해서 제안을 받고 학습자 간의 리플을 통해서 교수자가 최종 선정한다. 1팀을 4명 정도로 구성될 수 있도록 주제도 이에 적합하게 선정한다.

2) 학습의 수행단계

모든 예술 분야에 있어서 창조적인 과정은 새로운 문제에 대한 해결책을 찾아 실현해 나가는 문제해결 과정의 특성을 지닌다. 학습의 수행단계에서는 문제해결 프로세스에 의해서 본 연구모형 (CLDP)을 진행한다. 시각디자인에서의 문제해결 과정[167]은 문제를 정의(defining the problem)하고 정보를 수집하거나 탐구하는(gathering information or researching) 과정을 거쳐서 아이디어를 개발(developing ideas)하고 해결책을 찾는 과정(finding solutions) 그리고 디자인의 실행 (implementing one or more solutions)의 과정으로 이루어진다. 문제정의, 정보수집, 아이디어 전개 등은 문제를 이해하고 탐구하기 위한 시작의 과정이고 해결방안의 모색이나 디자인 작업 실행은 그 문제를 해결하여 마무리하는 과정이다.

학습의 수행단계를 진행하면서 교수자는 Yager[168]가 구성주의적 교수학습을 실현하기 위해 제안한 아래 13가지의 내용을 바탕으로 온라인 환경에서 학습자를 독려한다.

① 수업 내용을 소개하기 위하여 학습자의 질문을 찾아내어 이용한다.

② 학습자의 발상을 수용하고 격려한다.

③ 학습자의 선도, 협동, 정보의 처리 행동을 증진하도록 한다.

④ 수업을 이끌어가기 위해서 학생의 사고, 경험, 그리고 흥미를 이용한다.

⑤ 책 또는 잘하는 사람으로부터 정보를 찾아내어 이용하는 것을 격려한다.

⑥ 발전적인(open-ended) 질문을 이용하여 학생들이 스스로 자신들의 질문과 대답을 다듬어가도록 격려한다.

⑦ 학습자들이 사건과 상황의 이유를 설명하도록 격려하고, 그들의 결과를 예상하게 해본다.

⑧ 학습자들이 자신의 아이디어를 평가해보도록 격려한다.

⑨ 교과서의 아이디어를 학습하기 전이나 교수자의 아이디어를 제시하기 전에 학생들의 아이디어를 찾아내 본다.

---

167) Phillip B. Meggs, *Type and Image*, (New York: Van Nostrand Reinhold, 1992), p.153.

168) Yager, R.E., "The Constructivist Learning Model-Towards Real Reform in Science Education", *The Science Teacher*, Sep.1991, pp.55-56.

⑩ 학습자들이 상호간에 생각이나 개념화를 도전해 보도록 격려한다.

⑪ 협동을 강조하고 개성을 존중하는 협동학습을 활용한다.

⑫ 반성과 분석을 위한 적절한 시간을 갖도록 격려한다. 즉 학습자들이 생생한 모든 아이디어를 존중해서 활용한다.

⑬ 새로운 경험과 증거를 설명하기 위해, 그 생각을 뒷받침하는 실제적인 증거의 수집과 생각을 재 형식화해 보면서 스스로 분석해 보도록 격려한다.

① 문제정의(Defining the Problem)

대부분의 디자인 작업은 항상 문제를 정의하고 이해하는 것으로 시작된다. 몰레스(A.A. Moles)는 "디자인 프로젝트에 관계되는 복잡성의 개념들을 인접하게 정의하는 것이다"라고 하였다.[169] 디자인의 프로세스는 문제를 잘 이해하는 데서 출발하여 디자인해야 할 문제가 무엇인지를 정확히 정의하여 프로젝트의 기본적인 골격을 형성할 수 있게 해준다.

클라이언트가 디자이너에게 어떤 프로젝트를 의뢰할 때, 즉 문제를 제기할 때에는 대단히 추상적이고 포괄적인 문제와 목표를 준다. 그때 디자이너는 그러한 문제를 다시 재검토하여 실제적인 문제의 범위를 규정하고 내부적으로 목표를 새롭게 설정해야 한다. 즉, 클라이언트에 의해 주어진 문제를 검토하여 디자인 해결안이 충족시켜야 할 문제의 범위를 확정하는 일이다. 이와 같이 실제적인 디자인의 범위와 이에 대한 목표, 한계성, 그 성격 등을 규명해나가는 작업이 문제정의인 것이다.[170]

이 단계에서는 주제와의 직접적인 연관성을 가지고 접근하는 것이 아니라 바로 복합적인 연관성 즉, 발산적인 사고를 중심으로 전개되어야 한다. 문제 인식의 단계로서 폭넓은 정보를 수집하기 위해서는 그 방향이 설정되어야

---

169) Moles A. A., Produckte: Ihre funktionelle und sttruktureelle Komplexitaet in: Ulm 6. Okt 1962, p.62.
  최성운, 『Design』, 조형사, 2001, p.98. 재인용
170) 이건표, 『디자인 방법론에 관한 연구』, 한국과학기술대학, 1987, p.33.

한다. 이 단계에서 미리 오브젝트를 디자인하는 것은 금물이며 우선적으로 분명하게 표현된 디자인 목적과 완전하고 최종적인 대체안 그리고 문제 알고리즘의 존재 인식에 관한 핵심적인 부분들이 서술되어야 한다.[171] 문제정의가 잘못되면 만족할 만한 결과를 도출하기 어렵기 때문에 발산적 사고를 중심으로 문제가 무엇이고 어디에 존재하는지, 어떠한 문제가 존재하는지 등에 대한 문제의 범위와 목표를 규정하는 것이다.

디자이너는 문제의 성격과 범위를 명확하게 설정하여 프로젝트의 목적과 목표, 일정이나 예산, 생산방식 등 기본적인 고려 사항을 파악해야 한다. 일부 클라이언트는 디자이너에게 작업을 의뢰하기 전에 문제의 성격을 분명히 파악하고 규정하여 디자이너를 만나는 경우도 있지만 어떤 경우에는 클라이언트가 문제에 대한 개념을 정확하게 파악하고 있지 못하고 혼란스러워하는 경우도 있다. 이때 디자이너는 클라이언트를 도와 함께 문제의 성격을 파악하고 규정하는 일부터 시작하게 된다.

초기의 작업에서 방향성을 잃게 되면 디자인결과물이 무용지물이 되는 경우도 있기 때문에 이 단계에서는 다음과 같은 내용을 고려하여 문제를 정의할 수 있다. 아래 설명 중 '주제'라는 단어는 '문제'라고 하는 용어로 대체할 수 있다.

① 주제(또는 문제)는 무엇인가?

② 주어진 주제는 어떠한 의미를 포함하고 있는가?

③ 주제에 대한 핵심적인 키워드는 무엇인가?

④ 주제의 키워드에 대한 의미와 이를 포함하는 영역은 무엇인가?

⑤ 주제의 키워드 간에 연관성은 무엇인가?

⑥ 주제에 대한 사용자의 특징은 무엇인가?

⑦ 주제에 대한 사용자에게 요구되는 새로운 내용은 무엇인가?

⑧ 주제를 새롭게 변화시킬 수 있는 대안은 필요한가?

⑨ 주제에 대해서는 어떠한 기술적인 문제들이 고려되어야 하는가?

---

171) 최성운, 같은 책, p.111.

교수자는 이와 같은 내용을 설명하고 팀의 구성원들이 팀의 주제에 맞게 적절하게 문제를 정의하고 있는지를 LMS의 팀 게시판이나 채팅방을 통해서 피드백을 준다.

② 정보의 수집(Information Gathering)

문제가 정의되었다면 문제에 대한 다양한 정보와 자료를 수집한다. 일반적으로 제품디자인의 경우[172]는 정보의 가공단계와 시장분석 그리고 기능분석의 단계를 거친다. 본 연구에서는 이를 참조하여 본 연구의 성격에 맞게 정보의 가공단계를 4단계로 세분화 하였다.

가. 정보 조사

정보 조사방법은 여러 가지가 있지만 연구자는 협력학습 실행 시에 다음과 같이 6가지 조사방법을 설명하였다.

첫째, 디자인 관련 서적과 잡지 및 주제와 관련된 다른 학문 분야의 자료 조사방법이다. 둘째, 주제와 관련된 현장을 직접 찾아다니면서 사진촬영으로 자료를 수집하는 방법이 있다. 셋째, 인맥을 동원하여 전문가의 인터뷰나 심층면담을 활용할 수 있다. 주제의 성격에 맞게 해당되는 기업이나 연구기관 또는 사람을 찾아 도움을 줄 수 있는지를 파악한다. 넷째, 인터넷을 활용하여 지식베이스를 찾는 방법이 있다. 다섯째, 클라이언트에게 프로젝트에 대한 체크리스트를 작성하여 정보를 수집하는 방법도 있고 연계된 프로젝트의 성격에 따라서 원가계산이나 활용을 위해 관련 있는 업체의 자료가 필요한 경우도 있다. 여섯째, 다른 디자이너의 선례를 수집하여 유사한 문제에 대한 해결 방법을 참조할 수도 있다.

이와 같은 방법을 활용하여 주제와 관련된 정보가 어디에 어떠한 자료가

---

172) 최성운, 같은 책, pp.113-124.

존재하는지를 파악한다. 정확하고 풍부한 자료가 준비되어야 효과적인 아이디어가 전개될 확률이 높다. 디자인 작업이 진행되는 동안에도 지속적으로 정보의 수집이 필요한 경우가 많다.

나. 정보 분류

다양한 정보가 조사되고 수집된 이후 정보를 주제나 문제에 맞게 분류한다. 정보를 조사하는 단계에서는 조사과정이나 범위가 명확하게 구별되지 않았으므로 주제와 관련된 모든 자료를 수집하게 된다. 수집된 정보를 문제해결 과정에 적용하기 용이할 수 있게 분류하는 작업을 거친다.

다. 정보의 압축

정보를 분류하고 난 후에는 분류된 자료를 시각적으로 쉽게 구별할 수 있도록 자료를 압축한다. 이때 유용한 자료와 쓸모없는 자료를 구분하여 문제해결 과정에 더욱 근접할 수 있도록 압축한다.

라. 정보의 분석

오늘날처럼 정보가 범람하는 시대에는 시각디자인 분야에서도 과학적 조사 분석방법을 활용하여 압축된 정보를 유효한 정보로 추출할 수 있다. 조사 분석기법은 많이 있겠지만, 본 논문은 최길열[173]의 연구를 참조하여 다음과 같이 4종류만 간단히 설명한다.

-추세외삽법(Trend and Extrapolation): 추세를 예측하며 변화를 미리 파악한다. 과거에 축적된 데이터나 경험을 토대로 해서 그 경험을 미래로 연장시켜 예측하려는 시점의 상황을 파악한다. 예를 들면 상품의 라이프사이클이 진행되는 동안에 판매와 이익이 어떻게 될 것인가를 예측할

---

173) 최길열, 『디자인발상연구』, (서울: (주)주간디자인신문, 2000), pp.39-57.

때 그래프를 사용하여 도입기, 성장기, 성숙기, 쇠퇴기로 나누어서 단계적으로 파악하면서 전략적인 상품기획을 하는 것을 말한다.

- 범주분류법(Category Segmentation): 요소의 유사성을 토대로 카테고리별로 나누거나 서로 다른 것을 분리시키는 데서 시작한다. 상호연관성을 관찰하거나 그 중요도를 검토하는 데 유리하다. 요즘에는 차별화전략이 신상품이나 새로운 사업을 구상하는 데는 불가결한 것이므로 이것은 유용한 방법적 가치가 있다. 크게 시스템형과 분석형으로 구분되는데, 시스템형으로는 수직수형도법 플로우차트, 네트워크법이 있고, 분석형으로는 KJ법, 수평수형도법, 요소특성해석법, 동시점비교법 등이 있다.
- 메트릭스법(Matrix): 일명 '종횡'의 행렬구조를 만들어 정보의 경중을 조직적으로 파악하는 방법이다. 5W1H[174]로부터 가로에는 시즈(기업의 상품과 기술력), 세로에 니즈(수요자와 시장의 요구)를 배열하여 매트릭스를 만든다. 이것은 '인간 × 생활시간' 매트릭스, '용도 × 형상' 매트릭스 등으로부터 컨셉을 도출하는 방법이다.
- 맵 앤드 포지셔닝법(Map and Positioning): 컨셉이나 제품의 위치관계를 일목요연하게 관찰하거나 공간적으로 배치하여 새로운 포지셔닝을 파악하는 방법이다. 이 기법에 따라 정보를 분석해 보면 정리 정돈이 잘될 뿐만 아니라 상관관계와 차이점도 발견될 수 있다. 여기에는 포트폴리오 차트법, 포지셔닝법, 다차원척도법, 지각지도법 등이 사용된다.

이와 같이 정보수집 과정과 수집된 정보의 분석을 통해 디자이너는 클라이언트의 요구와 일의 범위 등을 보다 명확하게 이해할 수 있게 된다. 본 연구모형에서는 정보의 수집을 위해서 팀원이 그룹을 이루거나 또는 각자 주제에 맞는 다량의 사진촬영을 권장하였다. 온라인 학습자는 폐쇄적이고 고립적인 환경에서 디자인과제를 수행하게 되는데, 환경의 변화도 줄 수 있고, 현실적인

---

174) what(주제), where(장소), when(빈도수), who(사용자), why(요구 분석), how(사용방법)

문제의 발견과 정보의 수집이 과제에 많은 도움을 줄 수 있기 때문이다. 또한 분석기법으로는 교과목의 특성에 맞게 포지셔닝맵 기법을 활용하였다.

③ 아이디어의 전개(Idea Finding)

아이디어란 문제해결이나 목표달성을 위한 대안이나 선택가능한 안을 의미한다. 아이디어란 명확히 규명된 문제를 풀 수 있는 가능한 해결책이다. 아이디어는 가능성일 뿐이지 아직 결정된 것이 아니다.[175] 디자인 문제의 해결은 무수히 많은 아이디어로 해결할 수 있다. 아이디어 전개 단계에서는 문제해결 방안을 모색하고 디자인의 방향을 설정하여 구체적인 자료의 형태나 이미지로 표현할 수 있다. 즉 창의성을 발휘하여 컨셉을 잡는 단계로 이 과정에서는 다양한 대체안들이 수립되어야 하며 아이디어 발상을 위한 추상적인 방법들이 사용된다.

아이디어의 도출을 위해서는 브레인스토밍이나 Methode 635, 시네틱스, 바이오닉스 등의 방법을 사용한다.[176]

가. 브레인스토밍(Brainstorming)[177]

'두뇌 폭풍'이라는 말 뜻 그대로 특정한 주제 또는 문제에 대해 두뇌에서 폭풍이 휘몰아치듯이 생각나는 아이디어를 밖으로 내놓는 것이다. 알렉스오스본에 의해 1941년 광고단계의 기발한 아이디어를 얻기 위한 방법으로 연구된 것으로 집단적 사고의 전형적인 형태이다. 이 방법에서 전제하고 있는 기본 가정은 사고에서의 양이 질을 결정한다는 것이며, 양적으로 축적된 아이디어를 목록별로 정리하고 발전시켜 바라는 바의 최종적인 산출물을 얻는다. 브레인스토밍에서는 아이디어의 양에 치중하고 있기 때문에 질적으로 좋은 아이디어가 나오지 않을 가능성도 있다.

---

175) Koberg, Don, Jim Bagnall, 『자기계발학습 시리즈: 창의적 문제해결(상)』, 김종화 역, (서울: 알파경영혁신센터, 1999).
176) 최성운, 『Design』, (서울: 조형사, 2001), p.100.
177) 임선하, 『창의성에의 초대』, (서울: 교보문고, 1995), pp.174-184. 요약.

나. Methode 635[178]

로바흐(Bernd Rohrbach)에 의해 개발되었으며 브레인스토밍에서 발생하는 사고의 위축을 방지할 수 있는 효과적인 방법이다. 자신의 의견을 글로 서술하여 여러 사람들 앞에서 발표하는 것보다 적극적인 추상을 함으로써 좋은 결과를 가지게 된다. Methode 635란 <표 3-1>과 같이 양식의 제목에서 부여되었는데, 줄을 6줄을 만들고 칸을 3칸을 만들어 각자 3개씩의 아이디어를 기록하며 거기에 나머지 5사람의 아이디어를 추가한다는 의미에서 635라는 제목이 부여되었다.

실행방법은 첫째, 문제에 대한 개요를 설명하고 문제에 대하여 각자의 의견을 발표한다. 둘째, <표 3-1>과 같은 양식을 나누어 준 후, 여기에 한 사람이 1칸 a, b, c 각각에 자신의 아이디어를 순서대로 작성한다.

〈표 3-1〉 Methode 635 양식과 사례

문제의 제시: 예제-자연보호 캠페인 포스터 문제의 해결:			참가자 방법론
a1 자연을 수호하자	b1 자연, 아이들 우리의 미래	c1 자연은 아이들의 것	
a2 자연이 죽어가고 있습니다.	b2 우리의 미래 자연에 있습니다.	c2 아이들을 위한 유산입니다.	
a3 자연이 죽으면 우리들도 죽습니다.	b3 자연 미래에 대한 보험입니다.	c3 아이들을 위한 투자 자연에 투자합시다.	
a4	b4 자연은 아이들을 위한 향기로운 보험입니다.	c4	
a5	b5	c5	
a6	b6	c6	

---

178) 최성운, 같은 책, pp.149-157. 요약.

셋째, 약 3-5분까지 생각할 수 있으며 일정한 방향으로 자신의 옆 사람에게 전달한다. 넷째, 넘겨받은 문장을 읽고 나서 단어의 배열이나 추가 또는 삭제를 하여 자신의 아이디어를 포함하여 재가공을 한다. 이와 같이 Methode 635에서는 수직적인 관념적 추상화 작업이 이루어진다. 다섯째, a, b, c열은 서로 연관되어서는 안 되며 각 열에서만 수직적 관념적인 연합을 해야 한다. 여섯째, 30분 정도의 시간 내에 마무리하고 유토피아적인 것은 U, 현실성이 있는 것은 R로 표시하여 아이디어를 종합하며, 좋은 해결책이 없을 경우는 다시 한 번 실행한다.

다. 시네틱스(Synetics)[179]

고든(Gordon)의 연구에 의해 개발된 것으로 서로 관련이 없는 요소들을 서로 결합한다는 의미를 가지고 있다. 시네틱스를 이용한 수업은 두 가지로 설계할 수 있다. 첫째는 친숙한 것을 이용해 새로운 것을 창안하는 것이고, 둘째는 친숙치 않은 것을 친숙한 것으로 보도록 하는 것이다. 시네틱스의 진행은 8단계로 진행된다.

첫째는 문제의 제기 단계로 약 30분 정도 정보의 분석으로 문제에 대한 정체가 드러날 수 있도록 설명한다.

둘째, 참여자의 생각을 열기 위해 10분 정도 자발적인 해결안을 제시한다.

셋째, 근본적인 문제를 보다 밀도 있게 좁히기 위해 문제를 새롭게 표현한다.(대략 15분)

넷째, 1차적으로 자연, 또는 사회적인 문제, 또는 기술적인 범위로부터 직접 유추를 해 본다.(20분 브레인스토밍)

다섯째, 선택된 유추를 강력하게 동일화 시키는 의인적인 유추를 시행한다.(대략 20분)

---

179) Gordon, W. J. J., *Synetics*, (NY: Harper, 1961.)

여섯째, 상징적으로 유추해 본다.(대략 10분)

일곱째, 2차적인 유추를 시행한다.

여덟째, 발견된 유추의 서술과 디테일을 분석한다.

라. 바이오닉(Bionic)

바이오닉은 문제해결을 위해서 자연적인 영역에서 그 해결점을 발견하고자 하는 아이디어를 생산하기 위한 기술이다. 실무에 있어 사람들은 전체적인 시넥틱적인 진행자로서 실행을 하는 것이 아니라 만약에 문제의 제거가 충분하게 진행이 되었다면 어떠한 서술을 위한 직접적인 유추를 할 수 있는 것이다. 무엇보다도 사람들이 문제의 해결점을 자연의 영역 안에서 찾는 단계를 바이오닉이라고 구분하는 것이다. 여기에서 단지 생물학적인 전형을 복사하는 것뿐만 아니라 자극을 주는 것이며 동시에 창조적인 아이디어의 영감을 주는 것이다. 바이오닉은 자연적인 조형의 원칙에 대한 연구이며 인간의 욕구에 관한 이러한 원칙의 적용을 위한 것이다.[180] 시각디자인 작업에서는 자연과 환경 그리고 인간의 욕구에 관한 배려를 고려하는 아이디어를 제안할 수 있다.

아이디어의 전개는 많은 아이디어 중에서 최적의 효과를 얻을 수 있는 해결 방식을 찾기 위해 문제에 접근하는 것으로 다양한 아이디어 발상법을 활용하고 디자이너의 경험과 시각화 작업을 통해서 아이디어를 전개해 나간다. 문제해결능력과 통합능력 및 창의력을 바탕으로 문제의 분석과 아이디어 스케치를 할 때, 이상과 같은 아이디어 도출 방법을 활용한다. 연구자가 진행했던 과정에서는 촬영된 사진자료와 기타자료를 중심으로 문제를 종합하고 구체화 하여 아이디어를 서술하고 아이디어를 전개해 나가면서 학습자는 디자인과정을 이해하고 흥미를 느끼게 되었다.

---

180) 최성운, 같은 책, p.165.

④ 해결책 모색

과학자는 '문제중심(problem focused)'의 전략을 이용하고 디자이너는 '해결안 중심(solution focused)'의 전략을 이용한다. 디자이너가 사용하는 문제해결 전략은 대체로 일반적으로 다루는 문제들의 본질을 반영한다. 문제들은 디자인의 해결안이 문제로부터 직접 구해질 만큼 명확히 규정지어질 수는 없는 것이다. 디자이너는 출발점을 찾아내고 해결안의 영역을 제안하는데 있어서 주도적인 역할을 해야 한다. 해결안과 문제의 평행선상에서 함께 전개되어야 하며, 때로는 문제를 창의적으로 재 한정하거나 한정된 범주의 밖에 존재하는 해결안으로 유도하기도 한다.[181]

주어진 주제의 정보수집과 아이디어 전개 결과에 대한 분석을 바탕으로 결과를 예측하고 시각적 표현을 구체화시켜 분석된 문제에 대한 해결책을 시각화하는 단계이다. 팀원들의 아이디어를 선정하는 데 있어서 문제에 적합하지 않은 아이디어는 배제하고 적합한 아이디어는 사용한다. 디자이너에게 수많은 아이디어 중에서 문제에 적합한 아이디어를 선정하고 정보를 종합하여 정련하는 작업은 필수적으로 요구된다.

문제란 일반적으로 변화시키거나 수정해야 할 조건이나 상황이라고 정의된다.[182] 문제해결을 위한 구체적인 아이디어를 변경 전과 변경 후의 내용을 설득력 있게 피력하고 시각화하여 그 결과물을 파일로 제시한다. 디자인 결과물은 문제해결에 대한 아이디어를 확실하게 전달할 수 있도록 시각화되어야 한다.

⑤ 프로젝트 발표

프레젠테이션의 궁극적인 목표는 시각화와 청각화를 통한 최종적인 설득

---

181) Nigel Cross, 지해천, 정의철 역, 『Engineering Design Method, 디자인 방법론』, (서울: 미진사, 1993), p.38.
182) Koberg, 같은 책.

과 보고의 단계이다.[183] 디자인 문제해결 과정에서 프레젠테이션은 클라이언트를 설득하고 디자인 작업을 실제로 실행으로 유도하는 과정이다. 디자이너가 아무리 좋은 아이디어로 시각화 했다고 하더라도 프레젠테이션에서 클라이언트를 설득하지 못한다면 그 디자인은 무용지물이 되고 만다. 따라서 디자이너는 문제해결 과정의 최종 결과물인 디자인결과물을 설득력 있게 발표하고 클라이언트로 하여금 올바른 선택을 유도할 수 있는 능력을 키워야 한다. 프레젠테이션 시에는 내용의 효과적인 이해를 돕기 위해 인쇄물과 동영상을 미리 준비하고 분위기 고조를 위한 발표방법도 팀원들 간에 서로 논의되어 철저히 준비해야 한다.

본 연구모형에서는 팀장이 팀원들의 결과물을 파워 포인트로 작성하여 프레젠테이션하고 오프라인 강의실에서 학습자들이 모여서 발표를 한 내용을 동영상으로 촬영한다. 팀장은 협력학습의 과정과 시각화 과정을 다른 학우들에게 설명하는 과정을 통해서 디자인 작업의 실행과정을 연습하게 된다.

3) 학습의 평가단계

본 연구모형을 실시하고 최종적으로 학습자에 대한 평가는 크게 팀 점수 50점과 개별 점수 50점으로 나누어진다. 이때 팀 점수의 평가는 다시 세 부분으로 나누어지는데, 기획서의 타당성, 진행과정에 대한 평가, 결과물의 완성도 등으로 평가할 수 있다. 세부사항으로는 기획부분에서는 문제 설정에 대한 기획의 타당성과 팀원들의 주제 배분 및 스케줄 링에 대한 사항이 있다. 진행과정에서는 문제에 대한 조사방법, 자료수집과 촬영내용, 조사내용에 대한 토론과 조율 및 해결과정에 대한 아이디어 도출 과정 평가가 있을 수 있다. 결과물의 완성도에서는 문제해결에 대한 시각화 능력과 창의성, 기

---

183) 최성운, 같은 책, p.178.

획의도의 완성도와 결과물의 실현가능성 및 팀 프레젠테이션 능력이 평가 대상이다. 마지막으로 개인별 평가는 팀 주제와의 적합성, 아이디어 전개 과정의 타당성 및 디자인 구현 능력을 평가한다.

3.
"디자인 문제해결 프로세스에 의한 협력학습(CLDP)"의 실행

본 연구모형인 CLDP의 실행사례는 H온라인대학교 2학년을 대상으로 2005년 2학기 디지털색채학 교과목에서 수행한 사례를 중심으로 요약하여 서술하였다. <표 3-2>와 같이 CLDP의 수행기간은 총 7주정도의 기간 동안 강의콘텐츠와는 별도로 LMS상에서 진행한다. 1주정도의 학습의 준비단계와 4주간의 수행단계 그리고 2주 정도의 평가단계로 총 7주 정도의 기간 동안 협력학습 과제를 수행하였다.

〈표 3-2〉 CLDP의 절차

구 분	세부내용	장 소	기 간
1) 준비단계	협력학습 안내, 학습목표 및 주제에 대한 큰 틀 제시.	과목공지사항 (Text와 동영상)	1주
	하위주제 제안 및 학습자 독려	자유게시판	
	주제 선정과 팀 구성	자유게시판	

구 분	세부내용	장 소	기 간
2) 수행단계	팀장선출과 팀 주제에 대한 문제정의	팀 프로젝트방	4주
	정보수집 및 현장 촬영	팀 프로젝트방	
	아이디어 전개	팀 프로젝트방	
	해결책 모색—아이디어의 시각화	팀 프로젝트방	
	프로젝트 발표	오프라인 강의실	
3) 평가단계	토 론	팀 프로젝트방	2주
	팀별 수정 보완하여 재디자인(redesign)	팀 프로젝트방	
	2차 포트폴리오 제출	팀 프로젝트방	
합 계			총 기간: 7주

1) 학습의 준비단계

학습의 준비단계에서는 교과목의 공지사항을 활용하여 협력학습에 대한 학습목표와 절차 및 학습 주제에 대한 큰 틀을 제시하였다. 팀을 구성하기 이전에 주제에 대한 인식이 충분히 이루어질 수 있도록 강의콘텐츠로 본 연구모형(CLDP)에 대해 상세하게 설명한 후, 자유게시판을 통해서 하위주제에 대한 제안을 학습자들이 자유롭게 올릴 수 있도록 하였다. 1주 정도의 기간 동안 LMS의 게시판을 통해 하위주제에 대한 아이디어 제안을 받았다. 준비 단계에서는 주제에 대한 하위주제가 설정되기 전까지 게시판을 활용하여 학습자 간에 하위주제의 아이디어를 자유롭게 게시하고 상호 리플을 통해서 최종 세부 주제를 선정한다.

교수자는 참여율을 높일 수 있도록 학습자들을 독려하고 도출된 아이디어에 대해서 주제의 타당성 여부와 더욱 세분화시킬 필요는 없는지 등 아이디어를 피드백으로 줄 수 있도록 실시간으로 참여하였다. 정해진 기간의 종료 시점에서는 총 15개의 주제를 선정하고, 주제에 따라서 학습자가 원하는 주제를 선택할 수 있게 하였다. 그 결과로 1개의 팀에 4명씩 배정하였고, 수강

신청 인원에 따라서 10개~20개 팀이 구성될 수 있다.

[그림 3-6] 팀 프로젝트 화면예시

2) 학습의 수행단계

수행단계에서는 문제를 발견하고 정의하는 과정을 통해서 디자인 문제를 인식할 수 있도록 학습자들을 유도하였다. 전 장에서 서술한 바와 같이 정보 조사, 정보 분류, 정보 압축, 정보 분석 과정을 거치고 결과물은 포지셔닝맵 기법을 활용하도록 하였다. 학습의 수행은 LMS와 채팅, 그리고 오프라인 미팅을 통해서 이루어졌다.

① 문제정의(Definding the Problem)

디지털색채학 교과목의 학습의 준비단계에서는 '주변의 색채 배색 문제'에 대하여 다음과 같은 주제들이 도출되었고, 팀원들은 각 팀의 주제에 대한 하위주제를 세분화하여 각자 분담하였다.

① 생활가구의 배색
② 시각장애인을 위한 유도 사인 보도블럭 배색: 한국, 미국, 호주를 중심으로(해외거주 학습자 팀)
③ 아파트의 배색
④ 병원시스템의 배색
⑤ 신문 전단지 광고물의 배색
⑥ 쇼핑백 팩키지의 배색
⑦ 미용실 간판의 색채 배색
⑧ 공공기관 상징물의 배색
⑨ 홍보 포스터의 배색
⑩ 조명의 배색
⑪ 어린이 장난감의 배색
⑫ 자동차의 배색
⑬ 소형가전의 배색

② 정보의 수집(Information Gathering)

팀별로 팀의 주제가 선정되고 하위주제가 설정되어 학습자 개개인에게 주어졌으므로 각자 맡은 주제에 대한 정보수집에 들어갔다. 정보 조사단계는 세 가지로 진행하였다.

첫째, 문헌조사를 통해 관련 자료조사를 하였다.

둘째, 직접 주제와 관련된 현장을 찾아다니면서 사진촬영으로 자료를 수집하였다. [그림 3-6]과 같이 문제를 인식하기 위해 카메라를 들고 각자 주제에 대한 현장촬영에 들어갔다.

셋째는 전문가에게 조언이나 다른 디자이너의 선례도 수집하였다. 이와 같이 수집된 정보는 각 팀별 주제와 하위주제에 맞게 분류하는 작업을 거쳐 유용한 자료와 쓸모없는 자료를 구분하여 문제해결 과정에 더욱 근접할 수 있도록 하였다. 정보의 분석은 맵 앤드 포지셔닝 기법을 활용하여 수집된 자료를 공간적으로 배치하여 일목요연하게 관찰하고 문제점을 도출하였다.

[그림 3-7] 정보수집 사례 예시

③ 아이디어의 전개(Idea Finding)

아이디어 전개 단계에서는 문제해결을 위한 대안이나 선택가능한 안을 자료의 형태로 표현하고 해결할 수 있는 많은 아이디어에 대한 토론을 하였다. 1차적으로는 팀원들이 각자의 자료에 대한 문제분석을 하였고 팀장은 팀원들의 자료를 수집하여 브레인스토밍에 들어간다. 채팅을 통한 브레인스토밍을 활용하였고 교수자는 Methode 635나 시네틱스 기법도 활용할 수 있도록 지속적인 피드백을 주었다. 팀원들이 함께 온라인에서 만나서 채팅과 토론방을 거쳐 함께 토론하면서 수정하는 작업을 거치게 된다. 많은 아이디어 중에서 최적의 효과를 얻을 수 있는 해결 방식을 찾기 위해 추가적인 정보 수집이 필요한 부분은 다시 촬영하고, 아이디어를 전개해 나갔다.

[그림 3-8] 아이디어 전개 예시

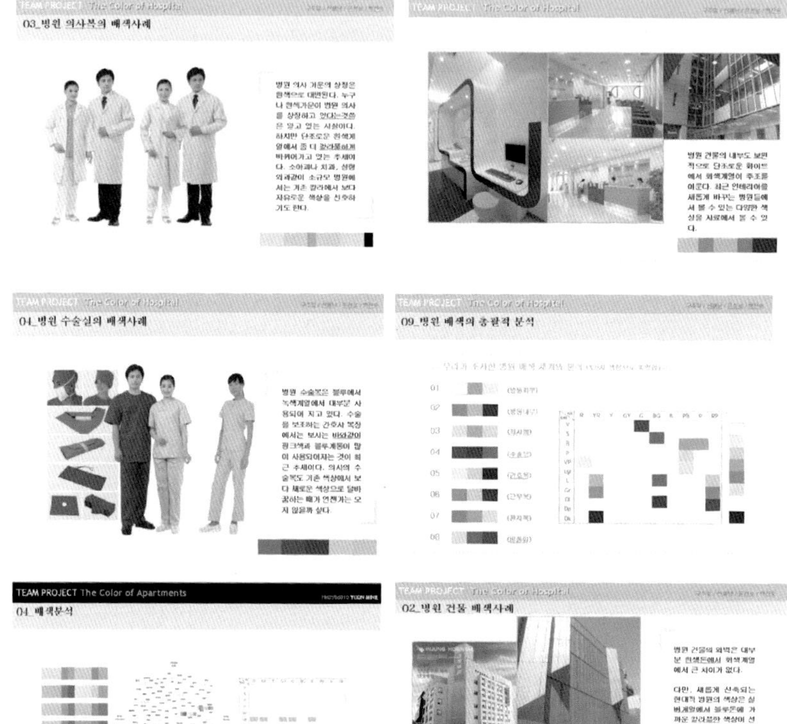

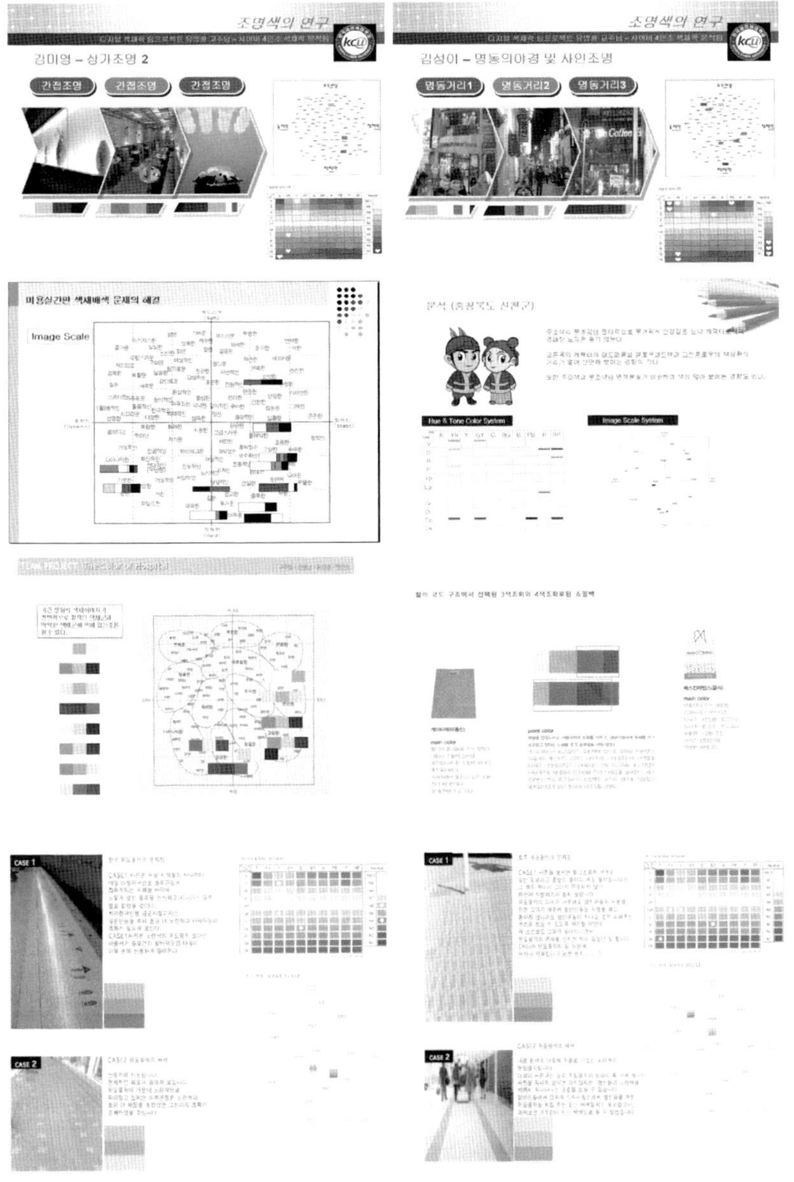

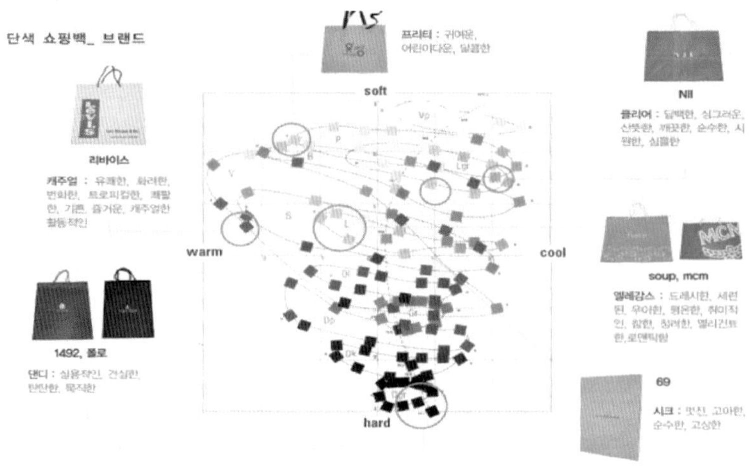

④ 해결책 모색

이 단계에서는 많은 팀원들이 제시한 많은 아이디어 중에서 문제에 적합한 아이디어를 선정하고 정보를 종합하여 정련하는 단계이다. 팀원들은 각자 주어진 주제의 정보수집과 아이디어 전개 결과에 대한 분석을 바탕으로 결과를 예측하고 시각적 표현을 구체화시켜 분석된 문제에 대한 해결책을 시각화하였다. 변경 전과 변경 후를 시각화하여 나타내고 그 결과물을 파일로 제시하였다.

[그림 3-9] 해결책 모색 예시

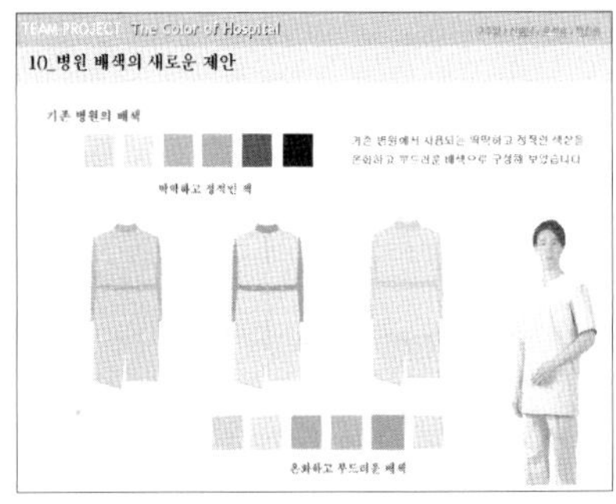

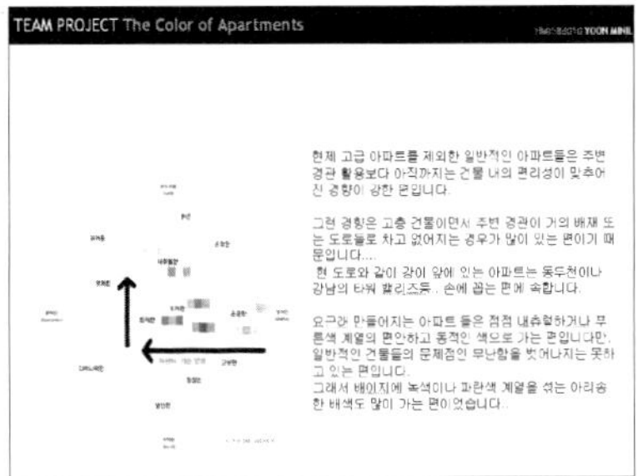

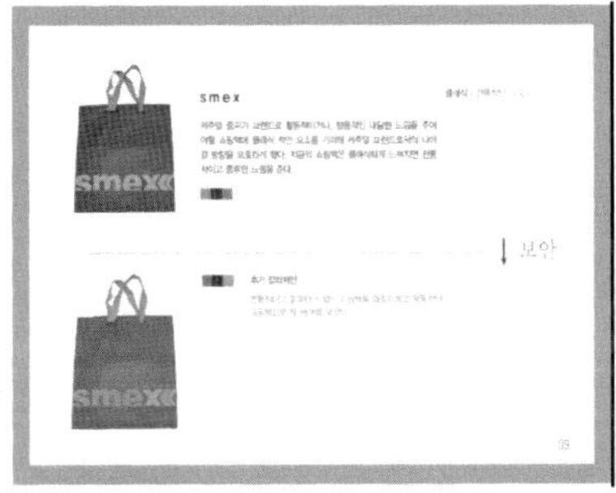

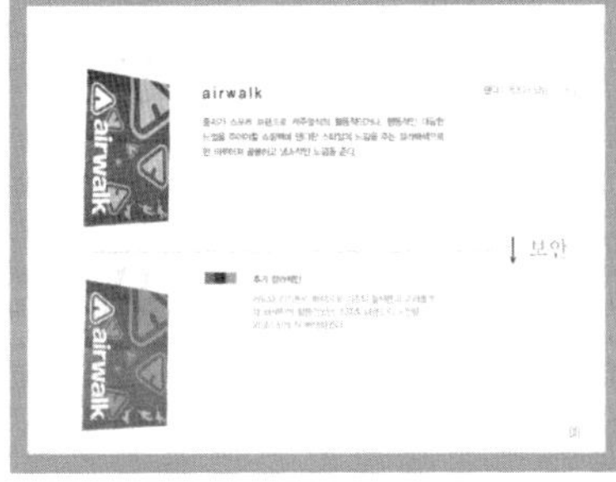

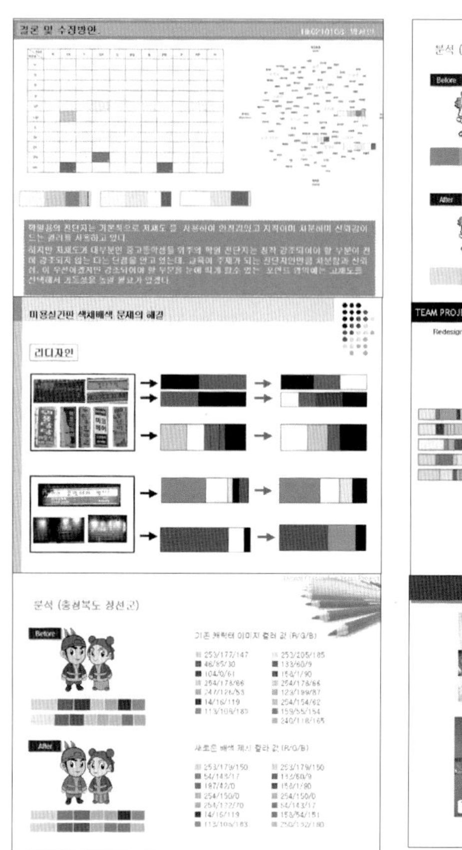

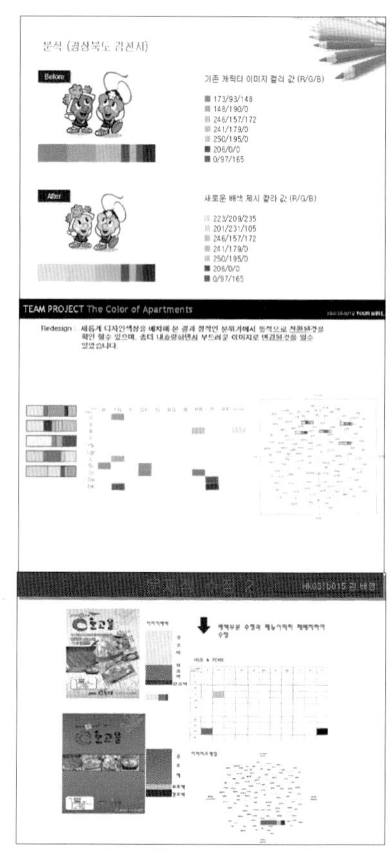

⑤ 프로젝트 발표

마지막으로 프로젝트 발표는 실무에서도 클라이언트를 설득하고 디자인 작업을 성공적인 실행으로 유도하는 과정이므로 디자인 결과물을 설득력 있게 발표하고 프로젝트 결과를 이해시키는 훈련은 학습자에게 꼭 필요하다. 온라인 학습자이지만, 프로젝트의 발표기회를 갖게 하고 녹화동영상을 통해서 자신의 발표에 대한 수정할 부분과 문제점도 찾을 수 있는 매우 중요한 단계이다.

각 팀마다 발표자를 선정하여 [그림 3-9]와 같이 1차 결과물을 오프라인에서 프레젠테이션하면서 발표하였고 참여하지 못한 학습자들을 위해서 동영상을 제작하였다. 이 내용은 곧바로 콘텐츠로 올려지며 오프라인과 온라인을 통해서 토론을 거쳐 수정 보완하여 좀더 완성도를 높여 2차 결과물을 제출하게 된다.

[그림 3-10] 프로젝트 발표 예시

⑥ 프로젝트 발표동영상 게시 및 토론

학습지원시스템(LMS)의 강의콘텐츠 내에 팀 프로젝트 작업 내용과 발표된 내용의 동영상을 하나의 파일로 만들어서 학습자들이 볼 수 있게 업로드하고, 1주일 정도의 기간을 통해서 토론과 수정사항을 리플로 받는다. 이때 발표자는 자신이 발표한 동영상을 통해서 프레젠테이션의 문제점을 체크할 수 있고 다른 팀들의 발표내용을 함께 보면서 각 팀의 장단점을 토의하게 된다. 토의 내용들을 정리하여 2차 결과물에 반영한다.

⑦ 리디자인

다른 팀 결과물에 대한 비교와 자신의 팀 발표 동영상을 보면서 팀원들 간에 다시 한 번 토론을 거쳐서 1차 작업된 내용과 디자인을 수정 보완해서 2차 결과물을 완성한다. 1차 작업 때 미처 생각하지 못했던 아이디어를 도출하여 시각화된 결과물을 수정하고 최종결과물의 완성도를 높일 수 있도록 교수자는 독려하였다.

3) 학습의 마무리단계 - 최종작업 게시

수정 보완된 내용을 학습자들이 업로드하면 팀 전체의 수정된 파일을 취합하여 하나의 파일로 만들고 동영상으로 하나씩 보여주면서 설명을 하여 강의콘텐츠로 올려주었다. 강의 동영상의 내용은 본 과제의 수행 목표를 다시 한 번 상기시키고, 과제의 진행상황에 대한 설명과 최종결과물에 대한 평가내용을 설명한다. 학업성취도가 높은 팀은 격려하고, 수준이 조금 못 미치는 팀들은 분발할 수 있도록 교수자는 독려와 제안으로 디자인 문제해결을 위한 협력학습을 마친다.

V

연구모형의 평가 및 연구결과

　본 연구자의 연구모형 (CLDP)은 전술한 바와 같이 구성주의 인식론을 기반으로 e-러닝 기반의 시각디자인교육에서 학습자의 학업성취도와 참여도를 높이기 위해서 개발한 모형이다. 이는 e-러닝 기반의 시각디자인교육방법론이므로 본 연구목적의 합리성을 찾고자 연구모형 (CLDP)에 대한 평가를 실시하였다.

　연구모형의 평가는 예비조사 2회와 본 조사 1회로 진행하였다. 예비조사는 H온라인대학교 2005년 2학기 C교과목에서 45명과 2006년 1학기 K교과목에서 56명을 대상으로 하였다. 예비조사에서는 연구계획 → 연구모형의 실행 → 연구모형의 평가(양적연구 수집) → 연구모형의 결과 종합분석의 단계로 진행하였다. 예비조사 실시 후에는 설문조사와 함께 온라인대학교의 디자인학부 교수를 대상으로 하는 심층면담을 실시하여 협력학습에 대한 기초조사를 실시하였다. 두 번의 예비조사에서 발견된 문제점을 개선하여 본 조사에 착수하게 되었고, 본 조사는 H온라인대학교 2006년 1학기 1학년 전공교과목인 D과목에서 사전평가 → 연구모형의 실행 → 사후평가의 순으로 실시하였다.

1.
연구 설계 및 절차

본 연구에서는 e‑러닝 기반의 시각디자인교육에서 학습자의 학업성취도와 참여도를 높이기 위해서 개발한 "디자인 문제해결 프로세스에 의한 협력학습(CLDP)"이 효과적인가를 알아보기 위하여 다음과 같이 연구문제와 가설을 선정하였다.

1) 연구문제와 가설

[연구문제 1]과 [연구문제 2]는 디자인 문제해결 프로세스에 의한 협력학습(CLDP)" 시각디자인교육에서 인지적·정의적으로 효과적인가를 측정하기 위한 것이다. 본 연구에서 인지적 측면은 학업성취도를 말하며 정의적 효과는 학습자의 태도 측면으로 정의한다. [연구문제 1]과 [연구문제 2]의 검증을 위해서는 교수자 2인이 개발한 과제평가도구를 사용하여 사전평가와 사후평가의 과제점수를 비교하여 측정하였다.

[연구문제 1]

e‑러닝 기반의 시각디자인교육에서 개별과제보다 "디자인 문제해결 프로세스에 의한 협력학습(CLDP)" 과제는 인지적 측면에서 효과적인가?

<가설 1> "디자인 문제해결 프로세스에 의한 협력학습(CLDP)" 과제를 수행한 학습자는 개별과제만 수행한 학습자보다 '창의적 구상 능력' 측면이 개선된다.

<가설 2> "디자인 문제해결 프로세스에 의한 협력학습(CLDP)" 과제를 수행한 학습자는 개별과제만 수행한 학습자보다 '디자인 종합화' 측면이 개선된다.

[연구문제 1]에서는 본 연구모형이 인지적 효과가 있는지를 측정하기 위한 것으로 본 연구모형을 실행한 학습자는 지식을 습득하고 시각화 하는 능력 중 가장 중요한 '창의적 구상능력' 측면에서의 효과를 측정하기 위하여 <가설 1>을 선정하였다. 창의성은 새로운 것을 생각해 내고 창조해 내는 능력으로 디자인에서 문제해결 과정의 필수적인 부분이다. 본 연구모형이 효과적이라면 본 연구모형을 실행한 학습자는 아이디어를 창조해 내고 시각화할 수 있는 능력이나 조형감각 등 창의적 구상력이 개선되는 효과가 나타날 것이다.

<가설 2>는 인지적 효과의 두 번째로 '디자인 종합화 능력'에서의 효과를 측정하기 위한 것으로 주어진 문제에 대한 이해와 문제해결을 위한 탐구능력 그리고 사용자와 환경을 고려할 수 있는 능력 등의 '디자인 종합화 능력'에 효과가 있는가를 측정하기 위한 것이다. 본 연구모형을 실행한 학습자는 주어진 문제를 종합하고 재편성할 수 있는 분석적 사고력이나 효율적이고 실용적인 디자인 결과물을 산출할 수 있는 등 '디자인 종합화 능력'이 개선되는 효과가 나타날 것이다.

[연구문제 2]

e-러닝 기반의 시각디자인교육에서 "디자인 문제해결 프로세스에 의한 협력학습(CLDP)" 과제는 정의적 측면에서 효과적인가?

<가설1> 개별과제만 수행한 학습자보다 "디자인 문제해결 프로세스에 의한 협력학습(CLDP)" 과제를 수행한 학습자가 '학습자 간 친화력'이 강화된다.

<가설2> 개별과제만 수행한 학습자보다 "디자인 문제해결 프로세스에 의

한 협력학습(CLDP)"을 수행한 학습자가 '학습태도' 개선 효과가 높다.

[연구문제 2]에서는 본 연구모형이 인지적 효과가 있는지를 측정하기 위한 것으로 설문조사도구를 사용하여 검증하였다. [연구문제 2]는 본 연구모형을 실행한 학습자들이 온라인 교육의 단점인 고립감을 해소하고 학습자 간의 결속력이나 학습태도에 변화를 주었는가에 대한 효과를 측정하기 위하여 <가설 1>에서는 '학습자 간 친화력 강화' <가설 2>에서는 '학습태도 개선효과'로 선정하였다. 본 연구모형을 실행한 학습자는 정의적 측면의 개선효과가 나타나 소속감이나 학습자 간 결속력 그리고 학습에 대한 흥미도가 증대될 것이다.

[연구문제 3]

e–러닝 기반의 시각디자인교육에서 "디자인 문제해결 프로세스에 의한 협력학습(CLDP)" 과제의 교육효과는 학습자의 수준에 따른 차이가 있는가?

[연구문제 3]에서는 [연구문제 1]과 [연구문제 2]에서 효과적이라고 검증된 가설에 대해서 학습자의 수준 차에 따라 인지적, 정의적 효과의 차이가 있는가를 검증하기 위한 것이다. 연구 설계단계에서 연구집단과 통제집단 모두 사전평가 결과점수를 가지고 B학점 이상인 학습자와 B학점 이하인 학습자로 나누었기 때문에 학습자 간에 그 효과에 차이가 있는가를 검증할 수 있을 것이다. 학습자 간의 차이가 있다면 어떤 수준의 학습자에게 본 연구모형이 훨씬 효과적인지를 알 수 있을 것이며, 학습자 간의 차이가 없다면 단지 본 연구모형을 수행한 학습자에게만 효과가 있다고 할 수 있다.

2) 연구절차

본 연구는 예비조사 2회와 본 조사로 진행하였다. 예비조사는 2005년 2학기 C교과목에서 45명과 2006년 1학기 K교과목에서 56명을 대상으로 하였다. 예비조사에서는 연구계획 → 연구모형의 실행 → 연구모형의 평가(양적연구 수집) → 연구모형의 결과 종합분석의 단계로 진행하여 본 조사의 기초를 마련하였다. 예비조사는 설문조사와 함께 온라인대학교의 디자인학부교수를 대상으로 하는 심층면담을 실시하여 협력학습에 대한 기초조사를 실시하였다.

본 조사에서는 H온라인대학교 2006년 1학기 1학년 전공교과목인 D과목의 평가에서 [그림 4-1]과 같이 사전평가 → 연구모형의 실행 → 사후평가의 순으로 설계되었다. 사전(pre-test) → 사후(post-test) 실험설계는 사전조사와 사후조사 결과의 차이를 분석하여 자극이 미치는 영향을 측정하는 방법[184]으로 피험자의 과제를 정성적으로 평가하는 데에 적절하다고 판단되었다. 평가는 본 연구를 위하여 과제평가 측정도구를 개발하여 사용하였고 평가의 공정성을 기하기 위하여 교수 2인이 평가하였다.

[그림 4-1] 본 조사의 연구절차

사후평가는 실험이 끝난 후 사전과 동일한 기준과 방법에 의해 평가하였다. 또한 실험 후에는 피험자에게 자기기입식 설문(self-administered questionnarie) 방법[185]을 이용하여 [연구문제 2] 협력학습의 정의적 효과를 정량적으로 조사하였으며 연구집단과 통제집단의 학습자 각 5명을 대상으로 심층면담(debriefing)을 실시하여 설문의 내용을 보충하였다.

---

184) E. Babbie, 『사회조사방법론』, 고성호 외 역, (서울: 도서출판 그린, 2002), p.281
185) E. Babbie, 같은 책, p.318.

2.
연구대상

e-러닝 기반 시각디자인교육에서 디자인 문제해결 프로세스에 의한 협력학습모형을 평가하기 위해 H온라인대학교 디지털미디어디자인학부 2006년 1학기 D과목에서 본 연구모형을 실행하였다. 이 교과목의 수강생 108명 중 디지털미디어디자인전공자이고, 본 연구모형인 협력학습을 한 번도 시행하지 않은 학습자이면서, H온라인대학의 디자인학부 평균연령에 해당되는 26-32세 사이의 학생 80명을 연구의 피험자로 선정하여 <표 4-1>과 같이 실험집단과 통제집단으로 나누었다. 실험집단과 통제집단 모두 사전평가로 1차 과제를 교수자 2인이 채점한 평균점수를 80점 이상과 80점 이하로 나누었다. 실험집단은 본 연구모형인 협력학습을 실시하는 집단으로 한 팀을 80점 이상 2명, 80점 이하 2명씩 4명으로 구성하여 총 10개 팀을 구성하였다. 이들의 온라인 환경은 <표 4-2>와 같고, H온라인대학교 학습지원시스템 (LMS: Learning Management System)을 통하여 교수-학습 활동을 진행하였다.

<표 4-1> 피험자의 구성

항 목		실험집단	통제집단
사전평가	80점 이상	20명	20명
	80점 이하	20명	20명
계		40명	40명

〈표 4-2〉 피험자의 컴퓨터 환경

항 목		내 용
하드웨어 환경	데스크탑	Pentium Ⅳ 1.4G 이상
	메모리	256MB RAM이상
	모니터	1024*768 지원 가능 모니터(15인치 이상)
	통신장비	전용선(LAN), ADSL, VDSL등 초고속 통신망
	멀티미디어장비	스피커, 마이크, 헤드셋
소프트웨어 환경	운영체제(OS)	Windows 2000(Windows Me 제외) 이상
	그래픽 프로그램	포토샵 7.0 이상, 일러스트레이터 10.0이상, Macromedia Mx(Flash, Dreamweaver)이상

또한 타 온라인대학의 디자인관련학과에서 협력학습을 시행하고 있는지 비교하기 위하여 <표 4-3>과 같이 교수 7인을 대상으로 심층면담을 실시하였다.

〈표 4-3〉 온라인대학 교수자의 구성

소속대학	학과 명	인 원
서울사이버대학교	멀티미디어디자인학과	1
세종사이버대학교	디지털콘텐츠학부	1
한국디지털대학교	미디어디자인학과	1
한국사이버대학교	디지털미디어디자인학과	3
한양사이버대학교	공간디자인학과	1
계		7명

3. 분석방법

1) 디자인 과제평가도구

본 연구에 사용된 디자인 평가 툴은 사전평가와 사후평가의 디자인실기 과제평가를 위해서 개발한 측정도구 <표 4-7>을 사용하였다. 디자인 평가 툴의 개발은 정경원[186]과 김원경[187]의 디자인 평가 연구 및 찰스 오웬[188]의 디자이너에게 요구되는 능력을 토대로 하여 본 연구의 성격에 맞게 교수자 2인이 수정 보완하여 작성하였다.

정경원은 전세계 12개국에서 실시하고 있는 여러 가지 굿디자인상 시상 제도의 평가기준을 종합하여 <표 4-4>와 같이 조형성, 합목적성, 경제성, 제작성, 사용성, 적합성, 만족성, 환경친화성의 8가지 평가표로 정리하였다. 조형성은 디자인의 외관에 해당되는 심미성과 독창성을 평가하고 합목적성은 성능과 기술에 해당되는 부분이 대상이다. 경제성은 가격과 생산 공정에 대한 평가이며 제작성은 소재와 재료선정의 적절성에 대한 평가이다. 사용성은 사용자를 고려한 인간공학적인 것인지 안정성과 내구성은 어떤지에 대한 평가이다. 적합성은 시장성과 소비자에게 유용한지에 대한 평가이고 만족성은 사회적 동향, 감각적, 지적 자극에 대한 평가, 환경친화성은 환경과의 조화와 재활용 등을 평가한다.

---

186) 정경원, 『디자인 경영』, (서울: 안그라픽스, 2002), p.350.
187) 김원경, "디자이너의 능력과 구조적 요소에 관한 연구", 인문예술논총, 1999, pp.323-333. 요약.
188) Charles L. Owen, "Design Thinking. What It Is. Why It is Differenct. Where It has New Value.", KSDS Speech Notes, 2005, pp.15-18. 요약.

<표 4-4> 디자인 선정제도의 디자인 평가기준

주요평가기준	키워드
예술성, 외관, 형태, 심미성, 고품질의 디자인, 독창성	조형성
성능, 기술, 기능	합목적성
경제성, 가격, 경제적인 생산 공정, 시장성	경제성
제조, 적절한 소재, 재료선정	제작성
사용의 유용성, 인간공학적 배려, 안정성, 작업경제성, 내구성	사용성
시장성, 소비자에게 어필, 클라이언트에게 유용성	적합성
사회적 동향, 감각적. 지적 자극	만족성
환경과의 조화, 환경 적성, 자원 절약과 재활용	환경 친화성

김원경은 국내 S기업의 디자인연구원과 일본의 마쓰시다 전기회사에서 디자이너를 평가하고 있는 내용과 요소들 그리고 ACCD(Art Center College of Design)에서 학생들의 능력 평가요소들을 분류하여 종합하였다. 디자이너에게 필요한 전반적인 능력의 구조적인 요소에 대해 첫째는 예리한 정보 및 자료 분석 능력 둘째는 고정관념에서 벗어나려는 창작능력 셋째는 기능에 대한 이해 능력 넷째는 명확한 시각적, 언어적 표현능력, 다섯째는 조형의 미적 감각 능력, 여섯째는 사용자 환경에 대한 이해 능력, 일곱째는 철저한 작업 수행 능력 여덟째는 인격체로서 완성도 등 8가지 범위로 구분할 수 있으며 그 세부내용은 <표 4-5>와 같다.

<표 4-5> 김원경의 디자이너의 능력 평가요소

내용별 구분	세부 요소
분석적 사고력 또는 날카로운 분석능력	1) 가장 적절한 자료조사 분석능력
	2) 예리하고 날카롭게 문제점들을 인식하는 능력
	3) 문제점들을 해결하기 위한 방향설정 능력
	4) 실제적인 한계성과 가능성 판단 설정 능력

내용별 구분	세부 요소
고정관념에서 벗어날 만큼 신선한 창조능력	1) 보다 넓은 범위의 탐구 능력
	2) 해결안을 위한 다양하고 많은 아이디어 생산력
	3) 그 계통에서는 처음으로 다루는 신선한 독창적 생각
	4) 추론의 과정 없이도 해결안을 감지할 수 있는 직관
아이디어를 명확하게 전달할 수 있는 표현력	1) 개념적인 대상을 유연하게 그려낼 수 있는 능력
	2) 스케치에다 섬세하게 명암과 색조를 표현하는 능력
	3) 모형제작에서 모든 재료를 적절하게 사용하는 능력
	4) 아이디어를 명확하게 언어적으로 설득할 수 있는 능력
프로젝트에 관련된 특수한 기능과 개발과정에 대한 이해력	1) 프로젝트와 연관된 제조기술 및 환경에 대한 이해력
	2) 최종 제품에 사용되는 재료에 대한 이해력
	3) 효율적인 조립 방법과 구조에 대한 이해력
	4) 디자인 해결안을 개발하는 데 필요한 과정의 효율성
형태의 아름다움에 대한 미적 감수성	1) 다양한 형태와 형체에 대한 심미적 구조의 이해
	2) 디자인 요소들의 비례적인 관계의 심미성
	3) 아주 작은 시각적 단서에도 쉽게 감동되는 예민한 감수성
	4) 정교하게 마무리할 수 있는 섬세한 장인정신
사용자의 생각과 환경에 대하여 매우 예리하게 감지하고 의식하고 이해하는 능력	1) 디자인 해결과정에서 매우 적절하게 인간공학적인 검토 배려
	2) 사용자의 심리적인 반응에 대한 충분한 고려
	3) 사용자의 시각적인 인지도에 대한 날카로운 판단능력
	4) 사용자의 잠재적 행위에 대한 분석 능력
효율적이면서도 완벽한 작업 수행 능력	1) 최종적으로 디자인 목적에 가장 적합한 결과를 얻는 완성력
	2) 프레젠테이션에서 보여주는 명쾌한 표현과 설득력
	3) 충분히 계획적으로 디자인 해결과정을 진행시키는 능력
	4) 작업을 제시간에 완성하기 위한 시간 계획 능력
전문적인 디자이너로서 완성된 인격체	1) 다른 전문가들의 비평에 민감한 반응
	2) 좋은 제안들에 대한 적극적인 수용력
	3) 타인과 주제를 함께 공유할 수 있는 객관적인 언어 구사력
	4) 공통된 목표에 대한 헌신도

찰스 L. 오웬(Charles L. Owen)은 디자인 사고방식과 작업특성에 따라 디자이너에게는 <표 4-6>과 같은 12가지의 전문성이 요구된다고 하였다.

1) 조건적 창의력 - 디자이너의 사고방식은 발명을 통해 이루어진다. 디자이너는 과학자들의 '왜'보다는 '무엇'이라는 질문에 더 관심을 가진다. 디자인 창조성은 과학적 창조성을 보완하지만 단순한 발명보다는 인간중심, 환경 중심의 프레임워크 안에서 독창적인 것 등 많은 것을 포함해야 한다.

2) 인간중심 - 디자인은 고객중심으로 이루어지므로 디자인 사고방식은 계속해서 창조 결과가 어떻게 고객의 필요에 대응할지를 고려해야 한다.

3) 환경중심 - 인간에 대한 고려와 마찬가지로 환경에 가장 이로운 방향을 고려해야 한다.

4) 시각화 능력 - 디자이너는 다양한 매체를 통해 아이디어를 시각화하고 대화에서는 모든 사람들이 각자 다르게 생각한 컨셉에 공통적인 모습을 부여한다.

5) 단련된 낙천주의 - 비관적 비판적 무드에서 창조적으로 일하기란 어렵다. 디자이너는 이를 인식하고 긍정적으로 활발한 작업방식과 감정을 통제하는 능력을 갖추어야 한다. 디자이너는 요구사항을 긍정적으로 받아들일 수 있어야 한다.

6) 적응력 - 제조와 정보기술의 적응 프로세스가 전통적으로 일부 디자이너들이 시용하던 방법을 크게 강화시켰다. 컨셉을 수용하고, 문제해결에 있어 가능하다면 해결책이, 사용자의 요구를 충족시키기 위해 생산에서 그 사용기간에 걸쳐 적응력이 있어야 한다.

7) 다기능 경향 - 문제에 대한 해결책으로 하나의 기능만 갖출 필요는 없다. 디자이너들은 보통 문제에서 해결책까지 다수의 효과를 올리고자 한다. 개괄적인 큰 그림을 그리면서도 동시에 세부사항도 놓치지 않는다.

8) 체계적 비전 - 디자인 사고방식은 총체적이어야 한다. 현대디자인에서는 모든 문제를 체계의 문제로 간주하고 하드웨어, 소프트웨어, 절차, 정책, 조직적 개념 등으로 이루어진 체계적이고 총체적인 해결책을 찾을 수 있을 것이다.

9) 제너럴리스트의 관점 - 디자인 사고방식은 준비과정과 수행과정에서 고도의 총체성을 유지해야 한다. 전문가를 요구하는 이 시대에 오히려 분야를

초월하여 커뮤니케이션이 가능하고 다양한 전문가들 사이에서 원활히 조율할 수 있는 능력을 가진 사람이 더욱 필요하다. 디자이너는 디자인 과정에서는 전문가이지만 가능한 많은 내용에 대해 아는 제너럴리스트가 되어야 한다.

10) 언어를 효과적인 도구로 활용할 수 있는 능력 - 비주얼언어는 컨셉을 표현하거나 패턴을 제시／설명하고 복잡한 현상을 본질로 압축해서 보여주는 데 사용할 수 있다. 수학적 언어는 이러면 어떨까라는 질문을 연구하는 데 사용하며 근사치로 타당성을 정립한다. 반면 구두 언어는 창조과정에서 설명이 필요할 때 사용하며 디테일이 부족할 경우 이를 보완해주거나 표면적으로 보이지 않는 관계를 표현하기도 한다.

11) 팀워크에 대한 애착 - 디자인 작업이 점차 팀 기반 작업으로 바뀌면서 팀워크의 중요성이 더욱 커지게 되었다. 디자이너는 고객을 위해 일하기 때문에 대인관계 관리능력도 디자이너의 능력에 포함된다.

12) 정성적 정보를 체계적으로 다룰 수 있는 능력 - 디자인프로세스로서 조직적 기획(Structured Planning)은 정보검색방법, 정보해석, 개념화를 위한 정보의 재구성, 결과분석, 대외홍보, 개발과정의 후속 팀과의 커뮤니케이션 등 모든 관련 기획 업무를 위한 도구상자이다. 이러한 방법은 복잡하지만 체계적인 해결책이 필요한 여러 가지 개념적 문제에 적용할 수 있는 정성적 정보관리 기법이라 할 수 있다. 기획 팀원 누구든지 이를 사용할 수 있으며 이를 통해 디자인 사고방식의 체계화를 꾀할 수 있다.

<표 4-6> 찰스 오웬의 "디자이너에게 요구되는 능력"

디자이너에게 요구되는 능력	세부 설명
조건적 창의력	단순한 발명보다는 인간중심, 환경중심의 프레임워크 안에서 독창적인 것 등이 포함된 조건적 창의력
인간중심	디자인 결과물이 어떻게 고객의 필요에 대응할지에 대한 고려
환경중심	환경에 가장 이로운 방향을 고려

디자이너에게 요구되는 능력	세부 설명
시각화 능력	다양한 매체를 통해 아이디어를 시각화하는 능력
단련된 낙천주의	요구사항을 긍정적으로 받아들일 수 있는 능력
적응력 경향	생산과 사용기간에 걸쳐 사용자의 요구를 충족시키기 위한 적응력
다기능 경향	개괄적인 큰 그림을 그리면서도 동시에 세부사항도 놓치지 않는 능력
체계적 비전	하드웨어, 소프트웨어, 절차, 정책, 조직적 개념 등으로 이루어진 체계적이고 총체적인 해결책을 찾을 수 있는 능력
제너럴리스트의 관점	디자이너는 디자인 과정에서는 전문가이지만 가능한 많은 내용에 대해 아는 제너럴리스트가 되어야 한다.
언어를 효과적인 도구로 활용할 수 있는 능력	비주얼언어는 컨셉을 표현하거나 패턴을 제시 / 설명하고 복잡한 현상을 본질로 압축해서 보여주는 데 사용하는 능력
팀웍에 대한 애착	팀 기반 작업으로 다양한 분야의 사람들과의 대인관계 관리능력
택일의 상황을 피하는 능력	서로 다른 대안의 본질적 특성을 파악하여 새로운 모습으로 재구성해 내는 능력
자율적 현실감각	환상의 나래를 펴는 동시에 현실감각(비용과 기능성에 대한 고려)이 조화를 이루는 능력
정성적 정보를 체계적으로 다룰 수 있는 능력	정보검색방법, 정보해석, 개념화를 위한 정보의 재구성, 결과분석, 대외홍보, 개발과정의 후속 팀과의 커뮤니케이션 등 모든 관련 기획 업무를 위한 디자인프로세스로서 조직적 기획(Structured Planning)을 활용하여 디자인사고방식의 체계화를 꾀할 수 있다.

위와 같이 3인의 선행 연구에서 제시한 디자이너에게 요구되는 능력 중 가장 중요하다고 생각하는 키워드를 연구자는 '창의성'과 '디자인 종합화 능력'이라는 두 가지를 선정하였다.

우선 창의성(creativity)은 새로운 것을 생각해 내고 창조해 내는 능력으로 예술, 건축, 디자인에서 문제해결 과정의 필수적인 부분[189]이다. 길포드(Guilford)는 문제에 대한 지각 능력, 유창한 아이디어 창출 능력, 신선하고 융통성 있는 아이디어 구상 능력, 정보를 종합하고 재편성하는 능력 등등이 결합되어 창의력이 이루어진다고 하였다.[190] 니커슨(Nickerson)[191]도 '문제해결

---

189) 찰스 왈쉬레거, 원유홍 옮김, 『디자인의 개념과 원리』, (서울: 안그라픽스, 1998), xiii
190) J.P. Guilford, "Creativity", *American Psychologist*, 5, 1950, pp.444-454.

(problem solving)'과 '문제발견(problem finding)', '통찰(insight)' 등을 창의성과 관련된 가장 중요한 요소로 제시하였다. 또한 루버트(Lubart, 1994)[192]는 이러한 문제를 발견하고, 정의하며, 유용한 문제표상과 문제해결 방법을 선택하고 그 효과를 평가하는 능력은 '지적 능력'의 '고차원적 창의성 관련 능력'이며, 통찰력(insight abilities)과 확산적 사고기술(divergent thinking) 등과 같은 능력은 지적 능력의 '기초 차원적 창의성 관련 능력'이라고 분리하여 설명하였다.

또한 바틸레(Batelle)는 창조성이 3가지 문제의 종류를 해결하고자 할 때 적용된다고 하였다. 첫째는 특정한 규범을 가지고 필요한 선택과 만나는 '문제의 조사' 시에 적용된다. 둘째는 여러 가지의 연관성을 가지고 실행되는 '문제의 분석'에 적용된다. 마지막으로는 잘 알려진 사실들을 서로 조합하는 '문제의 상태'에 적용된다고 하였다.[193] 이와 같은 내용을 종합해 보면 디자인 문제해결 프로세스를 통하여 얻어질 수 있는 가장 중요한 능력으로 창의성을 선정할 수 있다.

과학자들은 그들이 올바른, 혹은 최적의 해결안을 찾는 것이 가능하도록 기초가 되는 규칙을 찾기 위해 문제를 체계적으로 조사하는 경향을 보인 반면, 디자이너는 좋은 것이나 만족할 만한 것을 발견할 때까지 여러 가지 가능한 해결안을 제시하는 경향을 보였다. 이 연구로부터 과학자는 분석에 의해 문제를 해결하는 반면, 디자이너는 종합에 의해 문제를 해결한다는 것이 입증되었다.[194] 전통적으로 디자인은 실제적 세계(real world)를 디자인 대상으로 하고 있으며

최인영, "다층 퍼셉트론 맥락에서 본 디자인 콘셉트 개발 방법론으로서 컨셉트 제안", 홍익대 대학원 박사학위논문, 2005, p.29. 재인용.

191) Nickerson, R. S.. "Enhancing creativity", In R. Sternberg(ed.), *Handbook of creativity*, (Cambridge:Cambridge University Press., 1999), pp.392-430.

192) Lubart, T. I. Creativity. In R. J. Sternberg(ed.)., *Thinking and Problem Solving*, (NY: Academic Press, 1994), pp.290-333.

193) 최성운, 『디자인방법론』, (서울: 조형사, 2002), p.148.

194) Nigel Cross, 지해천, 정의철 역, 『Engineering Design Method, 디자인 방법론』(서울: 미진사, 1993), p.38.

이의 접근도 실제적 결과 지향적이었다. 따라서 디자이너들에게 요구되는 사고의 형태는 분석적 사고(analytical thought)보다는 종합적(synthetical thought)이었다.[195] 디자인교육은 현실에 바탕을 두면서 경직된 틀을 벗어나 유연성을 가지고 종합학문으로서의 기본인 체계화와 이를 입체적으로 연계시킬 수 있는 종합화가 이루어져야 할 것이다. 따라서 디자이너에게 요구되는 능력은 분석자가 아니라 종합자의 역할이 필요하다. 그러므로 디자인 문제해결 프로세스를 통하여 얻어질 수 있는 가장 중요한 능력의 두 번째 키워드로 '디자인 종합화'를 선정하였다.

'창의성'과 '디자인종합화능력'이라고 하는 두 가지를 가장 중요한 키워드로 선정하고 이를 측정하기 위하여 평가자인 교수 2인이 과제평가항목을 <표 4-7>과 같이 세부적으로 구성하였다.

창의적 구상력은 감성적인 면에서 작품을 구상하고 아이디어를 명확하게 표현하는 측면으로 신선한 아이디어 창조능력, 아이디어 시각화능력, 조형감각으로 세부항목을 구성하였다.

디자인 종합화 능력은 이성적인 면으로 분석적 사고력과 작품을 제작하기 위한 사전조사, 자료 수집, 사용자의 생각과 환경을 고려하는 종합적인 이해력으로 세부항목을 구성하였다. 각 항목마다 5점 척도로 구성하여 총 30점 만점으로 채점하였다.

---

195) Esherick, "Problems of Design of a Design System", in Conference on Design Methods, ed. by J. Christopher Jones, and D.G. and Thorniey, (New York: Macmillan, 1963), p.78.

〈표 4-7〉 본 조사의 과제평가 측정도구

평가항목	세부내용	배점	평가점수				
			많은 수정 요함	수정 요함	보통	잘함	매우 잘함
		100	1	2	3	4	5
창의적 구상력	신선한 창조능력	1) 고정관념에서 탈피한 디자인인가? 2) 다양하고 많은 아이디어를 보여주고 있는가? 3) 신선하고 독창적인가?	15					
	아이디어 시각화 능력	1) 개념적인 대상을 유연하게 보여주는가? 2) 섬세한 명암과 색조를 표현하고 있는가? 3) 조형요소를 적절하게 사용하고 있는가? 4) 독창적이고 개성적으로 시각화되었는가?	20					
	조형감각	1) 조형요소들이 아름답게 시각화되었는가? 2) 조형요소들의 비례적인 관계의 심미성을 보여주고 있는가? 3) 아주 작은 시각적 단서에도 쉽게 감동되는 감수성이 있는가?	15					
디자인 종합화 능력	주제에 대한 기획과 이해력	1) 주제를 명확하게 이해하고 있는가? 2) 최종 과제에 조사된 자료에 대하여 이해하고 있는가? 3) 효율적인 제작 방법과 과정에 대하여 이해하고 있는가?	15					
	분석적 사고력	1) 자료를 적절하게 조사하고 분석하였는가? 2) 아이디어를 언어적으로 설득하고 있는가? 3) 문제해결을 위하여 적절한 방향설정이 되었는가? 4) 해결안을 위한 다양한 탐구능력이 반영되었는가?	20					
	사용자의 생각과 환경을 고려하 는 능력	1) 사용자에 대한 충분한 고려를 하고 있는가? 2) 사용자의 시각적인 인지와 잠재적 행위에 대한 분석 능력이 있는가? 3) 실용적인 디자인인가?	15					

2) 설문조사 내용

<표 4-8>과 같이 피험자를 대상으로 하는 설문 문항의 구성은 [연구문제 2]에 해당하는 협력학습의 정의적 효과에 관한 질문으로 총 20문항을 5점 척도로 평가할 수 있도록 구성하였다. 설문의 문항은 친화력 강화 관련 질문으로 소속감 3문항, 친밀도 4문항, 공동체 의식 3문항으로 총 10문항이다. 학습태도 개선관련 질문도 흥미도 3문항, 태도 4문항, 참여도 3문항으로 총 10문항으로 구성하였다.

〈표 4-8〉 본 조사의 피험자 대상 설문 내용

내용별 구분		세부요소
친화력 강화	소속감	1) 과제를 진행하면서 내가 디자인을 배우는 학생이라는 것을 느꼈다.
		2) 과제를 진행하면서 팀 내에서 나의 역할이 매우 크다고 생각했다.
		3) 과제를 진행하면서 디자인전공자로서의 자신감이 생겼다.
	친밀도	4) 과제를 진행하면서 팀원 간의 동료애가 생겼다.
		5) 과제를 진행하면서 모르는 학우들을 많이 알게 되었다.
		6) 과제를 진행하면서 다른 학우들을 이해할 수 있는 계기가 되었다.
		7) 과제로 인하여 학우 간 토론의 기회가 생겼다.
	공동체 의식	8) 과제를 진행하면서 팀원의 화합이 매우 중요하다고 생각했다.
		9) 과제를 진행하면서 각자의 역할을 충실히 수행하는 것이 결과물에 중요한 영향을 준다는 것을 알게 되었다.
		10) 과제를 진행하면서 팀원 간의 협동과 타협을 배우게 되었다.
학습 태도 개선	흥 미	11) 과제를 진행하면서 주제에 대한 흥미가 생겼다.
		12) 과제를 진행하면서 이 과목이 재미있어졌다.
		13) 과제는 현실적이고 실제적인 과제라서 좋다고 생각한다.
	태 도	14) 과제를 진행하면서 참고문헌 등을 더 열심히 조사하게 되었다.
		15) 과제를 진행하면서 과제를 더 열심히 진행하게 되었다.
		16) 과제를 진행하면서 디자인 문제를 새롭게 인지할 수 있었다
		17) 과제를 하면서 수업에 더 집중하게 되었다.
	참여도	18) 과제를 진행하면서 수업내용에 관한 질의가 많아졌다.
		19) 과제를 진행하면서 이 수업을 더 열심히 듣게 되었다.
		20) 강의수강 보다 과제를 열심히 수행하였다.

피험자로부터 수집된 설문지는 모형과 가설을 검증하기 위하여 통계 패키지 SPSS 13을 활용하여 빈도분석과 독립표본 t검정으로 분석하였다.

4.
연구결과

1) 예비조사

예비조사에서는 본 조사 시행 전에 연구모형에 대한 결과 예측과 개선점 도출을 위해 실시하였다. 예비조사는 세 가지 유형으로 진행하였다. 첫째, 피험자를 대상으로 하는 설문조사이고 둘째, 온라인대학교 디자인학부 교수 7인을 대상으로 하는 심층면접과 셋째, 협력학습에 대한 참여도 비교통계조사로 나누어 실시하였다.

첫 번째 예비조사는 본 연구모형인 CLDP를 실행하고 피험자에게 설문조사를 통해서 CLDP가 개별과제에 비하여 효과적인지에 대하여 알아보았다. 2005년 2학기 H온라인대학교 C교과목 45명과 2006년 1학기 K교과목에서 56명의 피험자를 대상으로 "디자인 문제해결 프로세스에 의한 협력학습 (CLDP)"을 실행하고 그 효과를 검증하였다. 두 과목의 협력학습 시행기간은 각기 6주 동안으로 2005년 9월 20일부터 10월 31일까지와 2006년 3월 27일부터 5월 7일까지 수행하였다. 연구절차는 연구계획 → 연구모형의 실행 → 연구모형의 평가(양적연구 수집) → 연구모형의 결과 종합분석의 단계로 진행하였다. 다음과 같이 예비가설을 설정하고 5점 척도(1=매우 아니다, 2=아니다, 3=보통이다, 4=그렇다, 5=매우 그렇다)의 설문조사 결과를 분석하였다. 첫 번째 예비조사에 대한 예비가설은 다음과 같다.

<예비가설1> "디자인 문제해결 프로세스에 의한 협력학습(CLDP)"은 개별과제에 비하여 디자인에 관한 새로운 지식을 얻게 하는 효과가 있다.

<예비가설2> "디자인 문제해결 프로세스에 의한 협력학습(CLDP)"은 개별과제에 비하여 디자인 능력향상에 영향을 준다.

<예비가설3> "디자인 문제해결 프로세스에 의한 협력학습(CLDP)"은 개별과제에 비하여 학생들의 결속력을 높이는 효과가 크다.

<예비가설4> "디자인 문제해결 프로세스에 의한 협력학습(CLDP)"은 개별과제에 비하여 자아만족도가 높다.

두 번째 예비조사는, 온라인대학교의 디자인학부 교수 7인을 대상으로 하는 설문으로 2006년 2월 10일부터 2월 20일까지 10일 동안 온라인대학의 디자인학부 교수 7명을 대상으로 협력학습에 대한 인터뷰를 실시하였다. 인터뷰의 목적은 연구대상인 H온라인대학과 타 온라인대학의 협력학습에 대한 운영현황을 비교하기 위해서였다.

세 번째 예비조사는, 협력학습 과제와 개별과제에 대한 통계 비교로 H온라인대학교에서 본 연구자의 교과목을 중심으로 2004년 2학기의 A교과목, 2005년 1학기의 B교과목, 그리고 2005년 2학기의 C과목까지 총 3학기 세 과목의 과제제출 비율을 비교하였다. 학습의 평가는 출석, 과제, 퀴즈, 토론, 팀 프로젝트, 시험, 참여도평가 등으로 구성되어 있고 이 중에서 3개 항목이상이 평가요소로 설정되어 있어야 하는 것이 학습평가의 원칙으로 되어 있다. 일반과제와 협력학습의 과제 참여도과 선호도를 분석하기 위하여 연구자가 담당하고 있는 과목 중 협력학습을 실행한 적 있는 3과목의 과제제출 비율을 비교 조사하였다.

2) 예비조사 결과

① 피험자 설문 결과

예비가설의 설문평가 검증 결과 <표 4-9>와 같이 평균과 표준편차를 나타내었다.

<예비가설1> "디자인 문제해결 프로세스에 의한 협력학습(CLDP)"은 개별과제에 비하여 디자인에 관한 새로운 지식을 얻게 하는 효과가 있다.

<예비가설2> "디자인 문제해결 프로세스에 의한 협력학습(CLDP)"은 개별과제에 비하여 디자인 능력향상에 영향을 준다.

<예비가설3> "디자인 문제해결 프로세스에 의한 협력학습(CLDP)"은 개별과제에 비하여 학생들의 결속력을 높이는 효과가 크다.

<예비가설4> "디자인 문제해결 프로세스에 의한 협력학습(CLDP)"은 개별과제에 비하여 자아만족도가 높다.

"디자인 문제해결 프로세스에 의한 협력학습(CLDP)"은 디자인에 관한 새로운 지식을 얻게 하는 효과와 디자인 능력 향상 효과, 학습자 간의 결속력을 높이는 효과 그리고 자아만족도의 효과에 대하여 검증 결과 <예비가설 1>, <예비가설 2>, <예비가설 3>에서 보통 이상의 점수를 보여주었다. 따라서 예비조사 결과 "디자인 문제해결 프로세스에 의한 협력학습(CLDP)"은 개별과제에 비하여 기존에 몰랐던 새로운 지식을 얻게 하는 효과가 있고, 디자인능력 향상에 영향을 주며, 학습자 간의 의견조정 능력과 결속력을 높이는 효과가 있다는 것을 알 수 있다.

〈표 4-9〉 예비조사의 피험자 대상 설문 결과 (n=96)

항 목	평 균	표준편차
기존에 몰랐던 새로운 지식 인지함	4.12	.97
디자인 능력이 크게 신장됨	3.98	.97
학습자 간의 의견조정 능력과 결속력이 높아짐	3.86	.87
진행과정에 대한 자아만족도가 높아짐	2.69	1.28

② 온라인대학 교수대상 심층면접 결과

온라인대학의 디자인학부 교수자 7명을 대상으로 협력학습에 대한 인터뷰를 실시하였다. 인터뷰의 목적은 연구대상인 H온라인대학과 타 온라인대학의 협력학습에 대한 상황을 비교하기 위해서였다. 교수자 7명 중 5명은 교과목에서 협력학습을 시행하고 있었으나, 2명(28.6%)은 협력학습을 전혀 시행하지 않고 개별과제로만 평가를 하고 있었다. 인터뷰 결과를 종합한 내용은 다음과 같이 아홉 가지로 요약할 수 있다.

① "개별과제보다 협력학습 과제의 학업성취도가 높다"는 의견조사 〈표 4-10〉에서 "보통이다", 14.3%, "그렇다"와 "매우 그렇다"는 57.2%로 응답을 하였다. 나머지 28.6%는 협력학습을 실시하지 않기 때문에 무응답 처리되었다.

〈표 4-10〉 협력학습 과제의 학업성취도 (n=7)

항 목	빈 도	퍼센트
보통이다.	1	14.3
그렇다.	3	42.9
매우 그렇다.	1	14.3
무응답(협력학습 실시 안함)	2	28.6
합 계	7	100

② "개별과제보다 협력학습 과제의 학습자 만족도가 높다"는 의견조사에서 57.2%가 "그렇다(그렇다, 매우 그렇다)"로 응답을 하였다.

③ <표 4-11>과 같이 협력학습에서 한 팀의 인원은 3-4명(28.6%)이 가장 많았고, 10명을 한 팀으로 한다는 의견도 한 명 있었다.

〈표 4-11〉 협력학습의 팀 인원 (n=7)

항 목	빈 도	퍼센트
3-4명	2	28.6
5-6명	1	14.3
7-8명	1	14.3
9명 이상	1	14.3
무응답(협력학습 실시 안함)	2	28.6
합 계	7	100

④ 협력학습을 시행하는 교과목에 대한 질문에서는 71.4%가 전공실기 교과목에서 시행하고 있다고 답하였다. <표 4-12>

〈표 4-12〉 협력학습의 교과목 (n=7)

항 목	빈 도	퍼센트
전공실기 과목	5	71.4
무응답(협력학습 실시 안함)	2	28.6
합 계	7	100

⑤ 팀을 결성하는 방법에 대해서는 온라인대학의 특성상 지역별로 만남의 기회를 갖고자 지역별로 묶는 경우가 28.6%였고 성적별, 주제별이나 학습자에게 권한을 주는 경우도 있었다. <표 4-13>

<표 4-13> 협력학습의 팀 배분 (n=7)

항 목	빈 도	퍼센트
지역별	2	28.6
주제별	1	14.3
지역과 성적 고려	1	14.3
원하는 학습자끼리	1	14.3
무응답(협력학습 실시 안함)	2	28.6
합 계	7	100

⑥ 점수보상에 대해서는 교수자의 평가에 의해서 팀 점수와 개인별 점수를 주는 경우, 팀 점수만 부여하는 경우, 그리고 교수자와 팀장에 의해서 점수를 부여하는 경우 등 다양한 의견이 있었다.

⑦ 협력학습의 장점으로는 역할분담을 통해 조직력과 협동심을 얻을 수 있다는 점과 의견조율과 상호보완적인 관계를 유지하며 학습자 간의 장단점을 배울 수 있는 계기가 된다는 점과 온라인대학이 갖는 상호관계의 폐쇄성을 어느 정도 해소할 수가 있다고 답하였다.

⑧ 기타 의견으로는 협력학습을 성공적으로 진행하기 위해서는 교수자의 역할이 가장 중요하다는 점과 서로 잘 모르는 상황에서 협력학습을 수행하기 때문에 팀 편성에 세심한 주의를 기울여야 하며 팀장의 적극적인 태도와 팀원들의 원만한 관계형성을 이끌어주는 역할이 매우 중요한 변수로 작용한다고 하였다. 참여도가 떨어지는 학습자들에게 쪽지와 전화통화를 유도하는 등 교수자가 얼마나 적극적으로 상호작용을 하는가에 따라 협력학습의 성공이 좌우된다는 의견에 여러 명이 동의하였다.

⑨ 협력학습을 시행하지 않는 이유는 다음과 같다.

첫째, 디자인 전공과목의 한 강좌 당 학생수가 100명 이상으로 학생수가 많기 때문에 통제가 어렵다는 의견이 있었다.

둘째, 학생 분포가 전국적으로 흩어져 있고 해외에도 학습자가 있기 때문에 만남의 장소와 시간을 정하기 어렵다는 점, 팀을 구성하는 데 시간이 많이 소요되고, 직장인들이 많은 관계로 시간내기가 어렵다는 점, 작품에 대한 책임범위의 불분명으로 인한 과제진행속도 저하, 협력학습 지원시스템의 미비 등을 들었다.

셋째, 각 지역별로 흩어져 있는 학습자들을 온라인에서 충분한 상호작용이 일어날 수 있게 하는 교수자의 역할부담이 너무 크다는 점이 있었다.

③ 개별과제와 협력학습 과제의 참여율

일반과제와 협력학습의 과제 참여도를 분석하기 위하여 H온라인대학교에서 연구자가 담당하고 있는 과목 중 협력학습을 실행한 적 있는 3과목의 과제제출 비율을 비교 조사하였다. <표 4-14>에서 볼 수 있듯이 3학기 총 일반과제는 총10회에 거쳐 시행되었고 과제참여율의 평균은 59.1%이다. 일반 협력학습은 2회에 거쳐 시행되어 평균 54%의 참여율을 보인 반면, "문제해결에 의한 협력학습(CLDP)"의 참여도는 70%로 16% 높은 참여율을 보이고 있다. 일반과제와 일반 협력학습의 과제참여도 비율보다 본 연구모형인 "시각디자인 문제해결에 의한 협력학습(CLDP)"의 과제 참여도가 평균 16% 높음을 알 수 있다.

〈표 4-14〉 개별과제와 협력학습 과제의 참여율 비교표

No.	개설학기	과목명	과제평가 항목	수강생수	과제제출자수	과제제출 비율평균
1	2004년 2학기	디지털색채학	1차 과제	50명	39명(76%)	57%
			2차 과제		28명(56%)	
			3차 과제		19명(38%)	
			팀 프로젝트		32명64%)	64%

No.	개설학기	과목명	과제평가 항목	수강생수	과제제출자수	과제제출 비율평균
2	2005년 1학기	디지털 일러스트레이션	1차 과제	95명	69명(73%)	66%
			2차 과제		66명(69%)	
			3차 과제		57명(60%)	
			4차 과제		58명(61%)	
			팀 프로젝트		42명(44%)	44%
3	2005년 2학기	디지털색채학	1차 과제	52명	34명(65%)	55%
			2차 과제		28명(54%)	
			3차 과제		24명(46%)	
			CLDP		38명(70%)	70%

④ 예비조사 결과 요약

첫째, 피험자를 대상으로 하는 설문분석 결과 "디자인 문제해결 프로세스에 의한 협력학습(CLDP)"은 개별과제에 비하여 기존에 몰랐던 새로운 지식을 얻게 하는 효과가 있고, 디자인능력 향상에 영향을 주며, 학습자 간의 의견조정 능력과 결속력을 높이는 효과가 있다.

둘째, 온라인대학교 디자인학부 교수대상의 심층면담 결과 협력학습을 실시한 경우 학습자의 학업성취도와 자아만족도가 개별과제보다 높다. 또한 장점으로 역할분담을 통해 조직력과 협동심을 얻을 수 있다는 점과 의견조율과 상호보완적인 관계를 유지하며 학습자 간의 장단점을 배울 수 있는 계기가 된다는 점과 온라인대학이 갖는 상호관계의 폐쇄성을 어느 정도 해소할 수가 있다는 것을 알 수 있었다. 협력학습을 시행하지 않는 이유로는 한 강좌당 학생수가 많기 때문과 각 지역별로 흩어져 있는 학습자들을 온라인에서 충분한 상호작용이 일어날 수 있게 하는 교수자의 역할부담이 너무 크다는 점과 학습자의 시간을 고려하여 개별과제만 실시한다는 측면도 있었다.

셋째, 일반과제나 일반 협력학습의 과제참여도 비율보다 본 연구모형인

"시각디자인 문제해결을 위한 협력학습(CLDP)"의 과제 참여도가 평균 16% 높음을 알 수 있다.

이와 같이 예비조사의 분석 결과를 바탕으로 본 연구모형(CLDP)이 학업 성취도와 학습태도 변화를 줌에 따라 본 조사에 대한 연구문제와 연구가설을 설정할 수 있었다. 또한 예비조사에서는 연구대상 선정에 대한 문제와 집단 간의 비교 미설정 및 피험자의 등질화 등의 미비점과 협력학습에 대한 객관적 평가도구설정에 관한 문제점이 발견되었다. 분석의 경우도 평균값과 빈도분석 외에 객관적인 검증을 할 수 있는 통계패키지가 필요하여 이에 대한 수정과 보완을 통해 본 조사의 실험에 대한 준비를 확실히 할 수 있었다.

3) 본 조사

본 조사에서는 H온라인대학교 2006년 1학기 1학년 전공교과목인 D과목의 평가에서 사전평가(pre-test) → 연구모형의 실행 → 사후평가(post-test)의 순으로 2006년 3월말부터 5월말<표 4-15>까지 진행되었다. D교과목의 평가는 첫째, 사전평가로 1차 과제에 대하여 교수자 2인이 평가한 점수의 평균으로 연구집단과 통제집단으로 나누었다.

〈표 4-15〉 본 조사의 일정

항 목	내 용	시행 기간
사전평가	1차 과제	2006년 3월 24일−30일
CLDP실행	협력학습 과제 / 개별과제	2006년 5월 1일−14일
사후평가	2차 과제	2006년 5월 12일−18일
	3차 과제	2006년 5월 21일−28일
설문조사	설문 실시	2006년 5월 24일−31일

둘째, 연구모형인 CLDP의 실행하는 연구집단과 개별과제만 실행하는 통제집단으로 분리하여 실험하여 과제를 시행하였다. 셋째, 사후평가로 2차와 3차 과제의 평가점수를 분석하였다. 과제평가는 본 연구를 위하여 개발한 디자인 과제 측정도구를 사용하여 교수자 2인이 채점하였고 채점자 간의 신뢰도는 <표 4-17>과 같다. 넷째, 과제평가와 함께 피험자를 대상으로 설문조사를 실시하여 그 결과를 분석하였다. 본 연구의 과제평가와 설문에 대한 통계분석을 위하여 통계패키지인 SPSS 13을 사용하였으며 통계기법으로는 독립표본 t검증을 통해 연구집단과 통제집단 간의 유의적 차이를 분석하였다.

① 사전조사에 대한 채점자 간 신뢰도

독립표본 t검정 방법을 통해 교수 1과 교수 2가 동일한 대상에 대한 평가가 차이가 있는지에 대해 분석결과는 다음과 같다.

독립표본 t검정은 두 표본이 독립이라는 가설과 두 표본의 분산이 동일하다는 가설을 충족할 때 가능한 검정방법이다. 그러므로 위의 두 표본은 독립적이고, 두 표본에 대한 분산은 동일하다는 가설 검정을 위해 먼저 다음의 검정을 시행한다. 그것은 분산의 동질성 여부를 알아보는 Levene의 검정, 즉 f값을 활용하는 것이다. 그 결과, <표 4-16>에서 f값을 바탕으로 한 유의확률(p-value)의 값을 살펴보면 20개 항목에 대한 모든 값의 확률이 유의수준 0.05하에서 0.05보다 크므로 유의하지 않다. 즉, '두 집단의 분산은 동일하다'는 귀무가설을 채택하여 분산의 동질성을 검정할 수 있었다.

〈표 4-16〉 사전조사 채점자 간 신뢰도

항 목	세부내용	Levene의 등분산검정		평균의 동일성에 대한 T검정		
		F값	유의 확률	T값	자유 도	유의확률 (양쪽)
신선한 창조 능력	1) 고정관념에서 탈피한 디자인인가?	1.115	0.293	0.398	158	0.691
	2) 다양하고 많은 아이디어를 보여주고 있는가?	0.757	0.386	1.633	158	0.104
	3) 신선하고 독창적인가?	1.618	0.205	0.903	158	0.368
아이디어 시각화 능력	4) 개념적인 대상을 유연하게 보여주는가?	2.222	0.138	0.000	158	1.000
	5) 섬세한 명암과 색조를 표현하고 있는가?	2.820	0.095	-0.504	158	0.615
	6) 조형요소를 적절하게 사용하고 있는가?	0.548	0.460	0.000	158	1.000
	7) 독창적이고 개성적으로 시각화되었는가?	1.631	0.203	0.086	158	0.932
조형 감각	8) 조형요소들이 아름답게 시각화되었는가?	0.193	0.661	1.087	158	0.279
	9) 조형요소들의 비례적인 관계의 심미성을 보여주고 있는가?	0.016	0.899	0.253	158	0.801
	10) 아주 작은 시각적 단서에도 쉽게 감동되는 감수성이 있는가?	0.140	0.708	0.684	158	0.495
주제에 대한 기획과 이해력	11) 주제를 명확하게 이해하고 있는가?	7.989	0.005	0.780	158	0.437
	12) 최종 과제에 조사된 자료에 대하여 이해하고 있는가?	0.417	0.519	0.165	158	0.869
	13) 효율적인 제작 방법과 과정에 대하여 이해하고 있는가?	0.189	0.665	-1.479	158	0.141
분석적 사고력	14) 자료를 적절하게 조사하고 분석하였는가?	0.058	0.811	0.000	158	1.000
	15) 아이디어를 언어적으로 설득하고 있는가?	1.271	0.261	-0.857	158	0.393
	16) 문제해결을 위하여 적절한 방향설정이 되었는가?	0.013	0.909	-1.246	158	0.215
	17) 해결안을 위한 다양한 탐구능력이 반영되었는가?	3.851	0.051	-0.547	158	0.585
사용자의 생각과 환경을 고려하는 능력	18) 사용자에 대한 충분한 고려를 하고 있는가?	1.041	0.309	-1.538	158	0.126
	19) 사용자의 시각적인 인지와 잠재적 행위에 대한 분석능력이 있는가?	1.436	0.233	-1.142	158	0.255
	20) 실용적인 디자인인가?	1.138	0.288	-1.308	158	0.193

이와 같이 독립표본에 대한 t검정을 실행하기 위한 두 가설이 모두 충족되어 다음 단계인 독립표본 t검정을 실시한 결과, t값을 바탕으로 한 유의수준 (p-value)의 값이 모두 0.05보다 크므로 유의수준 0.05하에서 유의하지 않아,

'두 교수집단에 따른 점수 차이가 없다.'는 귀무가설을 채택하게 된다. 그러므로 동일한 대상에 대한 두 교수의 평가의 차이가 존재하지 않는다는 것이 입증되어, 이 점수들을 바탕으로 그룹을 나누어 사후분석을 실시하게 되었다.

② 사후조사에 대한 채점자 간 신뢰도

사전조사를 바탕으로 학생들의 평점을 평균하여 B이상인 학습자와 B이하인 학습자의 그룹으로 나눠 2, 3차 평가를 실시하였고, 그 결과에 대한 교수자 2인의 채점자 간 신뢰도를 분석하였다. <표 4-17> 분석은 위와 같은 독립표본 y검정을 실시하고 분산의 동질성 여부는 Levene의 검정, 즉 f값을 이용하였다. 그 결과, F값을 바탕으로 한 유의확률 (p-value)의 값은 20개에 항목에 대한 모든 값의 확률이 유의수준 0.05하에서 0.05보다 크므로 유의하지 않아 '두 집단의 분산은 동일하다'는 귀무가설을 채택하게 된다. 그래서 다음 단계인 y검정을 실시한 결과, y값을 바탕으로 한 유의수준 (p-value)의 값이 유의수준 0.05하에서 13번 문항을 제외한 모든 문항에서 0.05보다 크므로 유의하지 않아 '두 교수집단에 따른 점수 차이가 존재하지 않는다'는 귀무가설을 채택하게 된다. 그러므로 사후분석에서도 동일한 대상에 대한 두 교수의 평가의 차이가 존재하지 않는다는 것이 입증되어 교수 2인의 평가점수에 대해 신뢰할 수 있게 되었다.

<표 4-17> 사후분석 채점자 간 신뢰도

항 목	세부내용	Levene의 등분산검정		평균의 동일성에 대한 T검정		
		F값	유의확률	T값	자유도	유의확률 (양쪽)
신선한 창조능력	1) 고정관념에서 탈피한 디자인인가?	1.083	0.300	-1.533	158	0.127
	2) 다양하고 많은 아이디어를 보여주고 있는가?	0.925	0.338	-1.514	158	0.132
	3) 신선하고 독창적인가?	3.016	0.084	-1.523	158	0.130
아이디어 시각화능력	4) 개념적인 대상을 유연하게 보여주는가?	0.164	0.686	-1.217	158	0.225
	5) 섬세한 명암과 색조를 표현하고 있는가?	0.431	0.512	-1.404	158	0.162

항 목	세부내용	Levene의 등분산검정		평균의 동일성에 대한 T검정		
		F값	유의확률	T값	자유도	유의확률 (양쪽)
아이디어 시각화능력	6) 조형요소를 적절하게 사용하고 있는가?	0.437	0.510	-1.555	158	0.122
	7) 독창적이고 개성적으로 시각화되었는가?	0.092	0.762	-1.641	158	0.103
조형감각	8) 조형요소들이 아름답게 시각화되었는가?	0.103	0.749	-1.401	158	0.163
	9) 조형요소들의 비례적인 관계의 심미성을 보여주고 있는가?	1.384	0.241	-1.300	158	0.195
	10) 아주 작은 시각적 단서에도 쉽게 감동되는 감수성이 있는가?	0.627	0.430	-0.784	158	0.434
주제에 대한 기획과 이해력	11) 주제를 명확하게 이해하고 있는가?	3.254	0.073	-0.979	158	0.329
	12) 최종 과제에 조사된 자료에 대하여 이해하고 있는가?	3.795	0.053	-1.048	158	0.296
	13) 효율적인 제작 방법과 과정에 대하여 이해하고 있는가?	5.136	0.025	-2.285	158	0.024
분석적 사고력	14) 자료를 적절하게 조사하고 분석하였는가?	2.816	0.095	-0.634	158	0.527
	15) 아이디어를 언어적으로 설득하고 있는가?	3.658	0.058	-1.936	158	0.055
	16) 문제해결을 위하여 적절한 방향설정이 되었는가?	3.409	0.067	-1.565	158	0.120
	17) 해결안을 위한 다양한 탐구능력이 반영되었는가?	2.794	0.097	-1.976	158	0.050
사용자의 생각과 환경을 고려하는 능력	18) 사용자에 대한 충분한 고려를 하고 있는가?	3.721	0.056	-1.577	158	0.117
	19) 사용자의 시각적인 인지와 잠재적 행위에 대한 분석 능력이 있는가?	0.818	0.367	-1.886	158	0.061
	20) 실용적인 디자인인가?	0.935	0.335	-1.882	158	0.062

4) 본 조사 결과

본 조사 결과에 대한 검증은 첫째, 디자인과제평가 결과와 둘째, 설문조사 결과, 마지막으로 심층면담 결과로 나누어 서술한다.

① 과제평가 결과

디자인 과제평가는 [연구문제 1]에 대한 가설 검증으로 그 결과는 다음과 같다. <표 4-18>

e-러닝 기반의 시각디자인교육에서 개별과제보다 "디자인 문제해결 프로세스에 의한 협력학습(CLDP)" 과제는 인지적 측면에서 효과적인가?

<가설 1> "디자인 문제해결 프로세스에 의한 협력학습(CLDP)" 과제를 수행한 학습자는 개별과제만 수행한 학습자보다 창의적 구상 능력 측면이 개선된다.

<가설 2> "디자인 문제해결 프로세스에 의한 협력학습(CLDP)" 과제를 수행한 학습자는 개별과제만 수행한 학습자보다 디자인 종합화 측면이 개선된다.

연구집단(협력학습을 수행한 학습자)과 통제집단(수행하지 않은 학습자) 사이에 창의적 구상력과 디자인 종합화 능력이 차이가 있는지를 알아보기 위해 독립표본 t검정을 실시했다. 이때, 위에서 설명한 독립표본 t검정의 가설을 검정하기 위해, 두 집단의 분산의 동질성을 검정해야 한다. 그래서 분산의 동질성 여부를 검정하는 Levene의 검정, 즉 f값을 이용하였다. 그 결과, <표 4-18>의 f값을 바탕으로 한 유의확률 (p-value)의 값을 살펴보면 20개의 항목에 대한 모든 값의 확률이 유의수준 0.05하에서 0.05보다 크므로 유의하지 않아 '두 집단의 분산은 동일하다'는 귀무가설을 채택하여 분산의 동질성을 검정하였다. 그러므로 독립표본 t검정을 위한 가설이 충족되어 본 검정인 t검정을 실시하였다.

따라서 다음과 같이 t검정을 실시한 결과, 창의적 구상력은 부분적으로만 유의한 것으로 나타났다. 신선한 창조능력 문항 3과 조형감각 문항 10이 유의수준 0.1하에서 유의하고 다른 문항에서는 별 차이가 없음을 알 수 있었다. 그러므로 협력학습의 시행여부에 따라 창의적 구상력이 그렇게 큰 차이를 보이고 있지 않으므로 <가설 1>의 "디자인 문제해결 프로세스에 의한 협력학습(CLDP)" 과제를 수행한 학습자는 개별과제만 수행한 학습자보다 "**창의적 구상 능력 측면의 개선효과는 별 차이가 없다**"고 할 수 있었다.

　t검정을 실시한 결과 유의수준 0.1하에서 디자인 종합화 능력에 대한 값은 모두 유의하고, 그중에서도 유의수준 0.05하에서 상당수가 유의하게 나오므로 **디자인 종합화 능력이 협력학습의 시행여부에 따라 차이가 있음을 알 수 있었다.** 또한 디자인 종합화 측면의 집단 간 평균을 분석한 결과 <표 4-19>와 같이 협력학습을 수행한 학습자와 수행하지 않은 학습자 사이에 약 0.5 정도 평균차이가 존재하는 것으로 나타났다. 즉, 협력학습을 수행한 학습자가 수행하지 않은 학습자보다 약 0.5점 정도 디자인 종합화 측면이 개선된 것으로 나타났다. 그러므로 <가설 2>인 "디자인 문제해결 프로세스에 의한 협력학습(CLDP)" 과제를 수행한 학습자는 개별과제만 수행한 학습자보다 "**디자인 종합화 측면이 개선된다.**"는 가설을 검정할 수 있었다.

〈표 4-18〉 사후분석 결과 비교표

항 목	세부내용	Levene의 등분산검정		평균의 동일성에 대한 T검정		
		F값	유의확률	T값	자유도	유의확률 (양쪽)
신선한 창조능력	1) 고정관념에서 탈피한 디자인인가?	0.000	0.983	1.458	78	0.149
	2) 다양하고 많은 아이디어를 보여주고 있는가?	0.022	0.881	1.271	78	0.208
	3) 신선하고 독창적인가?	1.334	0.252	1.810	78	0.074*
아이디어 시각화능력	4) 개념적인 대상을 유연하게 보여주는가?	0.881	0.351	1.054	78	0.295
	5) 섬세한 명암과 색조를 표현하고 있는가?	3.799	0.055	1.442	78	0.153
	6) 조형요소를 적절하게 사용하고 있는가?	1.210	0.275	1.246	78	0.217
	7) 독창적이고 개성적으로 시각화되었는가?	0.052	0.821	0.315	78	0.754
조형감각	8) 조형요소들이 아름답게 시각화되었는가?	1.706	0.195	0.973	78	0.334
	9) 조형요소들의 비례적인 관계의 심미성을 보여주고 있는가?	0.035	0.853	1.051	78	0.296
	10) 아주 작은 시각적 단서에도 쉽게 감동되는 감수성이 있는가?	0.000	0.986	2.181	78	0.032**

항 목	세부내용	Levene의 등분산검정		평균의 동일성에 대한 T검정		
		F값	유의확률	T값	자유도	유의확률 (양쪽)
주제에 대한 기획과 이해력	11) 주제를 명확하게 이해하고 있는가?	0.046	0.831	1.875	78	0.064*
	12) 최종 과제에 조사된 자료에 대하여 이해하고 있는가?	0.742	0.392	2.649	78	0.010**
	13) 효율적인 제작 방법과 과정에 대하여 이해하고 있는가?	2.815	0.097	2.808	78	0.006**
분석적 사고력	14) 자료를 적절하게 조사하고 분석하였는가?	2.142	0.147	2.527	78	0.014**
	15) 아이디어를 언어적으로 설득하고 있는가?	0.531	0.116	3.451	78	0.001**
	16) 문제해결을 위하여 적절한 방향설정이 되었는가?	1.742	0.191	3.061	78	0.003**
사용자의 생각과 환경을 고려하는 능력	17) 해결안을 위한 다양한 탐구능력이 반영되었는가?	1.067	0.305	3.353	78	0.001**
	18) 사용자에 대한 충분한 고려를 하고 있는가?	0.543	0.463	2.185	78	0.032**
	19) 사용자의 시각적인 인지와 잠재적 행위에 대한 분석 능력이 있는가?	1.973	0.164	3.627	78	0.001**
	20) 실용적인 디자인인가?	0.539	0.465	2.766	78	0.007**

* 유의수준 0.1에서 유의함
** 유의수준 0.05에서 유의함

그러므로 분석결과에 의하면 "디자인 문제해결 프로세스에 의한 협력학습(CLDP)"은 '디자인 종합화' 측면은 개선되었으나 '창의적 구상능력' 측면은 그렇게 큰 차이를 보이고 있지는 않은 것으로 나타났다. 따라서 본 연구모형의 실행 시 디자인 문제해결 프로세스의 과정 중에서 창의적 구상능력 개선을 위한 아이디어 시각화나 조형감각에 대한 개발을 위한 보완이 추가적으로 필요함을 알 수 있다.

〈표 4-19〉 사후분석 중 디자인종합화능력 세부결과 비교표

내용 항목		연구집단 (CLDP수행자)		통제집단 (개별학습수행자)		합 계	
		평 균	표준편차	평 균	표준편차	평 균	표준편차
주제에 대한 기획과 이해력	문항11	4.044	0.714	3.744	0.717	3.894	0.727
	문항12	4.194	0.644	3.8	0.685	3.997	0.689
	문항13	4.125	0.558	3.731	0.690	3.928	0.654
분석적 사고력	문항14	4.031	0.608	3.65	0.736	3.841	0.697
	문항15	4.1	0.625	3.569	0.747	3.834	0.735
	문항16	4.013	0.617	3.538	0.763	3.775	0.73
	문항17	4.006	0.637	3.481	0.758	3.744	0.744

내용 항목		연구집단 (CLDP수행자)		통제집단 (개별학습수행자)		합 계	
		평 균	표준편차	평 균	표준편차	평 균	표준편차
사용자의 생각과 환경을 고려하는 능력	문항18	3.838	0.595	3.525	0.681	3.681	0.655
	문항19	3.931	0.563	3.425	0.68	3.678	0.671
	문항20	3.9	0.612	3.494	0.699	3.697	0.684

② 설문조사 결과

[연구문제 1]은 평가측정도구에 의한 분석으로 실행되었고, 설문조사 평가는 [연구문제 2]에 대한 가설 검증으로 분석결과는 다음과 같다. <표 4-20>

[연구문제 2]
e-러닝 기반의 시각디자인교육에서 "디자인 문제해결 프로세스에 의한 협력학습(CLDP)" 과제는 정의적 측면에서 효과적인가?

<가설 1> 개별과제만 수행한 학습자보다 "디자인 문제해결 프로세스에 의한 협력학습(CLDP)" 과제를 수행한 학습자가 학습자 간 친화력이 강화된다.

<가설 2> 개별과제만 수행한 학습자보다 "디자인 문제해결 프로세스에 의한 협력학습(CLDP)"을 수행한 학습자가 학습태도 개선효과가 높다.

연구집단(협력학습을 수행한 학습자)과 통제집단(수행하지 않은 학습자) 사이에 위의 [연구문제 2]의 가설 검증을 위해서 독립표본 t검정을 실시하였다. 먼저, 독립표본 t검정을 위한 분산의 동질성 검정을 위해 Levene의 검정, 즉 f값을 이용하였다. 그 결과 <표 4-20>의 f값을 바탕으로 한 유의확률(p-value)의 값을 살펴보면 20개에 항목에 대한 모든 값의 확률이 유의수준 0.05하에서 0.05보다 크므로 유의하지 않아 '두 집단의 분산은 동일하다'는 귀무가설을 채택하게 되어 다음단계인 t검정을 실시할 수 있었다.

<표 4-20> 설문조사 비교표

평가 항목		세부내용	Levene의 등분산검정		평균의 동일성에 대한 T검정		
			F값	유의확률	T값	자유도	유의확률 (양쪽)
친화력 강화	소속감	1) 과제를 진행하면서 내가 디자인을 배우는 학생이라는 것을 느꼈다.	0.044	0.833	0.215	78	0.034**
		2) 과제를 진행하면서 팀 내에서 나의 역할이 매우 크다고 생각했다.	0.961	0.330	1.708	78	0.092*
	친밀도	3) 과제를 진행하면서 디자인전공자로서의 자신감이 생겼다.	3.031	0.086	3.300	78	0.001**
		4) 과제를 진행하면서 팀원 간의 동료애가 생겼다.	2.213	0.141	2.343	78	0.022**
		5) 과제를 진행하면서 모르는 학우들을 많이 알게 되었다.	0.027	0.871	3.177	78	0.002**
		6) 과제를 진행하면서 다른 학우들을 이해할 수 있는 계기가 되었다.	2.701	0.104	2.183	78	0.032**
		7) 과제로 인하여 학우 간 토론의 기회가 생겼다.	2.528	0.116	3.114	78	0.003**
	공동체 의식	8) 과제를 진행하면서 팀원의 화합이 매우 중요하다고 생각했다.	1.827	0.180	2.421	78	0.018**
		9) 과제를 진행하면서 각자의 역할을 충실히 수행하는 것이 결과물에 중요한 영향을 준다는 것을 알게 되었다.	0.346	0.558	2.277	78	0.026**
		10) 과제를 진행하면서 팀원 간의 협동과 타협을 배우게 되었다.	2.829	0.097	2.774	78	0.007**
학습 태도 개선	흥미	11) 과제를 진행하면서 주제에 대한 흥미가 생겼다.	0.173	0.678	2.031	78	0.046**
		12) 과제를 진행하면서 이 과목이 재미있어졌다.	2.512	0.117	2.750	78	0.007**
		13) 과제는 현실적이고 실제적인 과제라서 좋다고 생각한다.	3.650	0.060	1.934	78	0.057*
	태 도	14) 과제를 진행하면서 참고문헌 등을 더 열심히 조사하게 되었다.	3.130	0.081	3.855	78	0.000**
		15) 과제를 진행하면서 과제를 더 열심히 진행하게 되었다.	1.919	0.170	1.938	78	0.056*
		16) 과제를 진행하면서 디자인 문제를 새롭게 인지할 수 있었다	2.375	0.127	2.416	78	0.018**
		17) 과제를 하면서 수업에 더 집중하게 되었다.	1.349	0.249	1.982	78	0.051*
	참여도	18) 과제를 진행하면서 수업내용에 관한 질의가 많아졌다.	1.289	0.260	1.848	78	0.068*
		19) 과제를 진행하면서 이 수업을 더 열심히 듣게 되었다.	0.863	0.356	1.997	78	0.049**
		20) 강의수강보다 과제를 열심히 수행하였다.	1.545	0.218	2.389	78	0.019**

* 유의수준 0.1에서 유의함 ** 유의수준 0.05에서 유의함

t검정을 실시한 결과, t값을 바탕으로 한 유의수준(p-value)의 값이 유의수준 0.1하에서 모두 0.1보다 작으므로 유의하다. 그러므로 '두 집단에 따른 점수 차이가 존재하지 하지 않는다'는 귀무가설이 기각된다. 또한, 유의수준을 0.05로 설정했을 경우에도, 일부 항목을 제외한 거의 대다수의 항목에서 유의하게 나타나고 있으므로, 협력학습을 수행한 학습자와 수행하지 않는 학습자 사이에는 분명한 차이가 존재함을 알 수 있었다.

<가설 1> 개별과제만 수행한 학습자보다 "디자인 문제해결 프로세스에 의한 협력학습(CLDP)" 과제를 수행한 학습자가 **학습자 간 친화력이 강화**된다는 가설검증을 위해 2개의 집단 간 차이를 알아보는 독립표본 t검정으로 집단 간의 차이를 검증한 후, 구체적으로 어느 정도의 차이를 보이는지 알아보기 위해 집단 간 평균비교를 실시해 보았다. 그 결과 <표 4-21>과 같이 문항 7을 제외하고 친화력에 관련된 모든 문항에서 개별학습 수행자보다 협력학습 수행자가 0.5 정도 큰 평균값을 가지고 있으므로, 협력학습을 통한 학습자 간 친화력이 개별학습보다 더 강화된 것으로 볼 수 있었다.

〈표 4-21〉 학습자 간 친화력 검증 결과

내용 항목		연구집단 (CLDP수행자)		통제집단 (개별학습수행자)		합 계	
		평 균	표준편차	평 균	표준편차	평 균	표준편차
소속감	문항 1	4.33	0.764	3.93	0.888	4.13	0.848
	문항 2	4.20	0.883	3.85	0.949	4.03	0.927
	문항 3	3.85	0.975	3.15	0.921	3.50	1.006
친밀도	문항 4	3.28	1.154	2.73	0.933	3.00	1.079
	문항 5	3.78	0.920	3.07	1.047	3.43	1.041
	문항 6	3.53	1.012	3.05	0.932	3.29	0.996
	문항 7	3.55	0.870	3.58	1.059	3.91	0.870
공동체 의식	문항 8	4.10	1.176	2.95	1.037	3.25	1.142
	문항 9	4.15	1.008	3.60	0.955	3.85	1.008
	문항10	4.15	0.834	3.55	1.085	3.85	1.008

<가설 2> 개별과제만 수행한 학습자보다 "디자인 문제해결 프로세스에 의한 협력학습(CLDP)"을 수행한 학습자가 '**학습태도 개선효과가 높다**'에 대한 가설검증을 위해 독립표본 t검정으로 집단 간의 차이를 검증한 후, 구체적으로 어느 정도의 차이를 보이는지 알아보기 위해 집단 간 평균비교를 실시해 보았다. 그 결과 <표 4-22>와 같이 모든 문항에서 개별학습 수행자보다 협력학습 수행자가 약 0.4 정도 큰 평균값을 가지고 있으므로, 협력학습을 통한 학습태도가 개선된 것으로 결론지을 수 있었다.

〈표 4-22〉 학습태도검증 결과

내용 항목		연구집단 (CLDP수행자)		통제집단 (개별학습수행자)		합 계	
		평 균	표준편차	평 균	표준편차	평 균	표준편차
흥 미	문항 11	3.87	0.791	3.53	0.751	3.70	0.786
	문항 12	3.85	0.622	3.45	0.677	3.65	0.677
	문항 13	3.97	0.698	3.65	0.802	3.81	0.765
태 도	문항 14	3.53	0.784	2.87	0.723	3.20	0.818
	문항 15	4.05	0.783	3.72	0.716	3.89	0.763
	문항 16	3.58	0.675	3.23	0.620	3.40	0.668
	문항 17	3.98	0.698	3.67	0.656	3.82	0.689
참여도	문항 18	3.45	0.815	3.13	0.757	3.29	0.799
	문항 19	3.90	0.709	3.60	0.632	3.75	0.684
	문항 20	3.60	0.841	3.18	0.747	3.39	0.819

[연구문제 3] e-러닝 기반의 시각디자인교육에서 "디자인 문제해결 프로세스에 의한 협력학습(CLDP)" 과제의 교육효과는 학습자의 수준에 따른 차이가 있는가에 대한 검증을 위해서는 연구집단의 학습자를 B학점 이상과 B학점 이하로 분류한 데이터를 기준으로 협력학습에 효과가 있다고 검증된 3

가지의 가설을 가지고 독립표본 t검증으로 비교하였다. 검증된 3가지 가설은 인지적 측면의 디자인종합화 능력과 정의적측면의 학습자 간의 친화력 강화와 학습태도 개선이다.

〈표 4-23〉 학습자 수준 차에 대한 디자인종합화 능력 평균

분석항목	세부 분석그룹 항목	조사대상	Mean	N	Std. Deviation
디자인 종합화 능력	주제에 대한 기획과 이해력	B학점 이상	4.0646	40	0.6805
		B학점 이하	3.8146	40	0.6271
		t(78)=1.708, p=0.092*			
	분석적 사고력	B학점 이상	3.9531	40	0.6921
		B학점 이하	3.6438	40	0.6792
		t(78)=2.018, p=0.047**			
	사용자의 생각과 환경을 고려하는 능력	B학점 이상	3.8021	40	0.6509
		B학점 이하	3.5688	40	0.6315
		t(78)=1.627, p=0.108			

* 유의수준 0.1에서 유의함
** 유의수준 0.05에서 유의함

〈표 4-24〉 학습자 수준 차에 대한 디자인종합화 능력 세부 분석

평가항목		세부내용	Levene의 등분산검정		평균의 동일성에 대한 T검정		
			F값	유의확률	T값	자유도	유의확률(양쪽)
디자인 종합화 능력	주제에 대한 기획과 이해력	11) 주제를 명확하게 이해하고 있는가?	0.016	0.901	1.472	78	0.145
		12) 최종 과제에 조사된 자료에 대하여 이해하고 있는가?	0.049	0.825	1.261	78	0.211
		13) 효율적인 제작 방법과 과정에 대하여 이해하고 있는가?	1.312	0.256	2.235	78	0.028**
	분석적 사고력	14) 자료를 적절하게 조사하고 분석하였는가?	0.279	0.599	2.262	78	0.027**
		15) 아이디어를 언어적으로 설득하고 있는가?	0.441	0.509	1.814	78	0.073*
		16) 문제해결을 위하여 적절한 방향설정이 되었는가?	0.133	0.716	2.031	78	0.046**
		17) 해결안을 위한 다양한 탐구능력이 반영되었는가?	0.401	0.528	1.671	78	0.099*

평가항목		세부내용	Levene의 등분산검정		평균의 동일성에 대한 T검정		
			F값	유의 확률	T값	자유도	유의확률 (양쪽)
디자인 종합화 능력	사용자의 생각과 환경을 고려하는 능력	18) 사용자에 대한 충분한 고려를 하고 있는가?	0.036	0.851	2.092	78	0.040**
		19) 사용자의 시각적인 인지와 잠재적 행위에 대한 분석 능력이 있는가?	0.621	0.433	1.298	78	0.198
		20) 실용적인 디자인인가?	0.065	0.800	1.356	78	0.179

* 유의수준 0.1에서 유의함
** 유의수준 0.05에서 유의함

인지적 측면의 분석은 <표 4-24>과 같이 학습자의 수준 차에 따른 디자인 종합화 능력을 '주제에 대한 기획과 이해력' 3문항, '분석적 사고력' 4문항, '사용자의 생각과 환경을 고려하는 능력' 3문항의 각 그룹별 평균값을 비교하였다. 디자인종합화 능력의 세 가지 그룹별 평균값은 학습자의 수준에 따른 차이를 독립표본 t값으로 검증해 보았을 때, 유의수준 0.1하에서 두 가지만 유의하게 나타났고, 유의수준 0.05하에서 한 가지만 유의하게 나타났으므로 세 <표 4-25>와 같이 각 문항별 세부 t값을 비교하여 기술하였다.

분석결과 t값을 바탕으로 한 유의수준 (p-value)의 값은 유의수준 0.1하에서 분석적 사고력은 모두 유의했고, 다른 두 항목의 일부가 유의하게 나타나 총 10가지 문항 중에 절반 이상이 유의하므로 디자인 종합화 능력은 학습자의 수준에 따라 어느 정도 차이를 보이며, 분석적 사고력은 상당히 큰 차이를 보이는 것으로 나타났다.

〈표 4-25〉학습자 수준 차에 대한 학습자 간 친화력 평균

분석항목	세부 분석그룹 항목	조사대상	Mean	N	Std. Deviation
학습 자 간 친화력	소속감	B학점 이상	4.0875	40	0.7997
		B학점 이하	4.0625	40	0.6997
		t(78)=0.149, p=0.882			
	친밀도	B학점 이상	3.4900	40	0.6176
		B학점 이하	3.3600	40	0.7925
		t(78)=0.818, p=0.416			

분석항목	세부 분석그룹 항목	조사대상	Mean	N	Std. Deviation
학습 자 간 친화력	공동체 의식	B학점 이상	3.6417	40	0.7930
		B학점 이하	3.6583	40	0.7453
		t(78)=-0.097, p=0.923			

〈표 4-26〉 학습자 수준 차에 대한 학습태도 개선 평균

분석항목	세부분석 그룹항목	조사대상	Mean	N	Std. Deviation
학습 태도 개선	흥 미	B학점 이상	3.7500	40	0.6394
		B학점 이하	3.6917	40	0.4553
		t(78)=0.470, p=0.640			
	태 도	B학점 이상	3.5813	40	0.5471
		B학점 이하	3.5750	40	0.5038
		t(78)=0.053, p=0.958			
	참여도	B학점 이상	3.4917	40	0.5895
		B학점 이하	3.4583	40	0.5046
		t(78)=0.272, p=0.787			

<표 4-26> 학습자 수준 차에 대한 학습자 간 친화력 평균값과 <표 4-26>의 학습자 수준 차에 대한 학습태도 개선 평균값에서 학습자 수준 차에 대한 세부그룹 항목을 보면 0.05하에서 모두 유의하지 않으므로 학습자 수준 차에 따른 차이를 볼 수 없다. 또한 <표 4-27>에서 각 문항별 세부 t값을 비교하여 기술하면 다음과 같다.

〈표 4-27〉 학습자 수준 차에 대한 정의적 측면에 대한 세부 분석결과

평가항목		세부내용	Levene의 등분산검정		평균의 동일성에 대한 T검정		
			F값	유의 확률	T값	자유도	유의확률 (양쪽)
친화력 강화	소속감	1) 과제를 진행하면서 내가 디자인을 배우는 학생이라는 것을 느꼈다.	0.122	0.728	0.000	78	1.000
		2) 과제를 진행하면서 팀 내에서 나의 역할이 매우 크다고 생각했다.	0.011	0.919	0.240	78	0.811

평가항목		세부내용	Levene의 등분산검정		평균의 동일성에 대한 T검정		
			F값	유의 확률	T값	자유도	유의확률 (양쪽)
친화력 강화	친밀도	3) 과제를 진행하면서 디자인전공자로서의 자신감이 생겼다.	1.222	0.272	-0.442	78	0.660
		4) 과제를 진행하면서 팀원 간의 동료애가 생겼다.	0.053	0.819	1.248	78	0.216
		5) 과제를 진행하면서 모르는 학우들을 많이 알게 되었다.	1.616	0.207	1.295	78	0.199
		6) 과제를 진행하면서 다른 학우들을 이해할 수 있는 계기가 되었다.	0.276	0.601	0.112	78	0.911
		7) 과제로 인하여 학우 간 토론의 기회가 생겼다.	3.823	0.054	0.545	78	0.587
	공동체 의식	8) 과제를 진행하면서 팀원의 화합이 매우 중요 하다고 생각했다.	0.940	0.335	0.000	78	1.000
		9) 과제를 진행하면서 각자의 역할을 충실히 수행하는 것이 결과물에 중요한 영향을 준다는 것을 알게 되었다.	0.342	0.560	0.000	78	1.000
		10) 과제를 진행하면서 팀원 간의 협동과 타협을 배우게 되었다.	1.267	0.264	-0.221	78	0.826
학습 태도 개선	흥 미	11) 과제를 진행하면서 주제에 대한 흥미가 생겼다.	2.492	0.118	-0.852	78	0.397
		12) 과제를 진행하면서 이 과목이 재미있어졌다.	0.835	0.364	1.328	78	0.188
		13) 과제는 현실적이고 실제적인 과제라서 좋다고 생각한다.	0.723	0.398	0.729	78	0.468
	태 도	14) 과제를 진행하면서 참고문헌 등을 더 열심히 조사하게 되었다.	0.693	0.408	0.819	78	0.415
		15) 과제를 진행하면서 과제를 더 열심히 진행하게 되었다.	1.147	0.288	-1.146	78	0.885
		16) 과제를 진행하면서 디자인 문제를 새롭게 인지할 수 있었다.	0.000	1.000	-1.005	78	0.318
		17) 과제를 하면서 수업에 더 집중하게 되었다.	0.775	0.381	0.322	78	0.748
	참여도	18) 과제를 진행하면서 수업내용에 관한 질의가 많아졌다.	0.674	0.414	-1.265	78	0.210
		19) 과제를 진행하면서 이 수업을 더 열심히 듣게 되었다.	0.008	0.928	0.325	78	0.746
		20) 강의수강보다 과제를 열심히 수행하였다.	0.142	0.707	1.514	78	0.134

　　정의적 측면의 분석은 <표 4-27>과 같이 Levene의 f값을 바탕으로 한 유의확률(p-value)의 값이 0.05보다 크므로 두 집단의 분산은 동일하여 t검정을 실시하였다. 그 결과, t값을 바탕으로 한 유의수준(p-value)의 값은 유의수준

0.05하에서 모든 값이 0.05보다 크므로 유의하지 않아 학습자의 수준에 따르는 정의적 측면의 효과에 차이가 없다. 그러므로 e - 러닝 기반의 시각디자인교육에서 "디자인 문제해결 프로세스에 의한 협력학습(CLDP)" 과제의 교육효과는 학습자의 수준에 따른 차이가 있는가에 대한 검증 결과 학습자의 수준에 따른 정의적 측면의 효과 차이는 없다고 결론지을 수 있다.

③ 피험자의 심층면담 결과

학습자들의 면담 결과 다음과 같은 추가적인 내용들이 발견되었다. 협력학습 실행시기에 대한 건의, 연락처 공지에 대한 것, 유저인터페이스와 시스템적 보완, 장기간의 과제 제안 등이다.

가. 협력학습 실행 시기에 대한 건의

"협력학습의 경우에 학기 중간보다는 학기말에 진행이 된다면 더 좋을 것 같다. 그리고 협력학습의 경우 학습주제가 현재 배우는 내용보다 몇 단계 앞섰다는 느낌을 받아서 작업에 대한 이해도가 조금 떨어진 감이 있다. 모든 지식과 제작 기법이 총동원될 수 있도록 학기말에 시행되는 것이 좋을 것 같다." 하지만 학기말에 협력학습을 시행하게 될 경우 결과물에 대한 학습자 간의 피드백과 토론이 지연되고 최종결과물에 대해 공유하는 시기가 너무 늦어진다는 단점이 있다. 따라서 16주 강의 중 12주 정도가 적당할 것 같다.

나. 연락처를 먼저 공지해 줄 것

"온라인의 특성상 학습자 간에 서로 연락처를 주고받는 데 시간이 걸리다 보니 피드백과 토론이 지연되어 실제 작업할 시간이 부족하므로 협력학습에서는 미리 연락처를 공개하면 좋겠다." 현재는 정보보호 차원에서 교수자만 연락처가 공유되지만 팀간의 공유도 LMS상에서 필요하다고 본다. 이러한 부분은 플랫폼의 개선으로 보완가능하다.

다. 유저인터페이스와 시스템적 보완 요구

"현재 LMS상에서는 파일업로드와 채팅은 가능하지만, MSN메신저와 같이 다양하고 빠른 서비스를 받을 수 있는 채팅도구가 아쉽다. 대화 시 많이 느리기 때문에 MSN메신저를 사용하여 채팅한 파일을 받아서 올리는 상황이다." 앞으로 LMS상에서 지속적으로 보완하여 업그레이드해야 하는 사항이다.

라. 간단하면서도 시간을 요구하는 과제 건의

"장기간의 조사를 통하여 간단하면서도 시간이 요구되는 과제도 병행하였으면 좋겠다. 현재 이 교과목의 모든 과제 제출기한이 1주일 이내로 짧다. 추후에는 개별과제이든, 협력과제이든 장기간의 조사와 여유 있는 토론이 진행될 수 있는 과제도 고려해 보면 좋겠다."

마. 기타 - 소수 의견

"일과 학습을 병행하는 직장인이 다수이므로 협력학습 과제는 효율적이지 못하다. 협력학습 과제는 아예 없었으면 좋겠다. 개별과제만으로도 충분하다." 과제 수행의 부담 때문에 생기는 건의사항으로 현재는 강의수강과 과제가 각기 달리 진행되므로 온라인 학습자에게는 상당한 부담요인이 될 수 있다. 추후에는 LMS상에서 협력학습이 진행될 때에는 협력학습에만 몰입할 수 있도록 1-2주차 강의를 협력학습으로 대신하는 시스템으로 변환된다면 불만사항은 개선될 수 있을 것이다.

VI

결 론

본 연구는 e-러닝 기반의 시각디자인교육방법론으로 시각디자인교육의 목표인 창의력과 문제해결능력을 키우면서도 온라인의 단점인 고립감을 해소하고 학습자의 참여를 유도시켜 학습자 간의 결속력을 높일 수 있는 방법에 관하여 연구하고자 하였다. 본 연구모형(CLDP)은 능동적 학습, 문제중심학습, 협력학습 그리고 실제적 과제를 중심으로 하는 구성주의 인식론을 기초로 하고 있으며 디자인 활동과 디자인 작업의 특성에 맞게 문제해결 프로세스에 맞는 협력학습을 진행하도록 설계하였다.

이에 본 논문에서는 "디자인 문제해결 프로세스에 의한 협력학습(CLDP)"을 연구모형으로 설정하고 이를 실행하여 그 교육적 효과를 검증하였다.

CLDP모형이 인지적, 정의적 측면에서 효과가 있는지를 피험자를 대상으로 연구집단과 통제집단으로 나누어 과제평가도구와 설문조사를 통해 검증하였으며 다음과 같은 결론을 얻을 수 있었다.

첫째, CLDP를 수행한 학습자는 개별과제만 수행한 학습자보다 '디자인 종합화 능력'이 개선되었다. 즉, CLDP 과제를 수행한 학습자는 주제에 대한 기획과 이해력, 분석적 사고력, 사용자의 생각과 환경을 고려하는 능력 등이 개선되었다.

둘째, CLDP를 수행한 학습자는 개별과제만 수행한 학습자보다 '학습자 간의 친화력'이 강화되었다. 즉, CLDP를 수행한 학습자는 소속감, 친밀도, 공동체 의식 등이 강화되었다.

셋째, CLDP를 수행한 학습자는 개별과제만 수행한 학습자보다 '학습에 대한 흥미, 태도 참여도' 등의 개선효과가 높았다.

넷째, CLDP를 수행한 학습자는 개별과제만 수행한 학습자보다 창의적 구상능력 측면의 개선효과에서는 별 차이가 없었다.

다섯째, CLDP의 교육효과가 B학점 이상인 학습자와 B학점 이하인 학습자의 수준별로 차이가 있는가 하는 것에 대한 분석결과, 인지적 측면 중 '분석적 사고력'에서 상당히 큰 차이를 보였으며 정의적 측면에서의 학습자 수준별 차이는 별로 없었다.

인지적 측면 중에서 디자인종합화측면의 개선효과가 유의하다고 검증되었으므로 CLDP의 디자인종합화 측면에 대한 학습효과를 B학점이상인 학습자와 B학점 이하인 학습자의 수준에 따라 차이가 있는가를 분석하였다. 특히 디자인 종합화 측면이 유의수준 0.1에서 70%가 유의하므로 약간의 차이를 볼 수 있었으며, 디자인 종합화 측면 중에서 특히 분석적 사고력은 상당히 큰 차이를 보인다. 하지만 CLDP 과제의 교육효과 중에서 정의적 측면은 B학점이상인 학습자와 B학점 이하인 학습자 간의 차이는 없었다.

이 밖에 학습자와 교수자를 대상으로 하는 심층면담을 종합해 보면 효과적인 협력학습을 위해서는 다음과 같은 제안을 할 수 있다.

첫째, 온라인 교육의 도구인 LMS(Learning Management System)상에서 협력학습에 대한 지원도구가 충실히 개발되어 활발한 작업이 이루어질 수 있도록 지원이 요구된다. 예를 들면 현재 **채팅이나 과제업로드의 경우에 그 기능이 메신저 기능에 비해 상대적으로 낮아 기능개선이 필요하다.**

둘째, 협력학습 실행 중에도 일정분량의 강의내용이 매주 진행되므로 **협력학습 시에는 협력학습만 몰입할 수 있는 교과진도(Syllabus) 조정과 이를 실행할 수 있는 플랫폼의 지원이 필요하다.**

셋째, 시각디자인교육은 주입식 교육으로는 불가능하므로 CLDP의 운영 시에 적극적인 상호작용을 위한 교수자의 노력이 필요하다. 학습자 간에 서로 모르는 상태이므로 학습자 간에 상호작용을 위한 중재를 해주어야 한다. 특히 협력학습의 초반에 서로 연락이 가능할 수 있도록 팀원 간 연락처 공개와 온라인의 불편함을 해소할 수 있도록 **학습자와 지속적인 상호작용의 노력과 주제에 대한 지속적인 피드백**이 CLDP의 교육적 효과를 성공적으로 이끌어 줄 수 있다.

따라서 본 연구문제의 검증결과에서도 알 수 있듯이 "**디자인 문제해결 프로세스에 의한 협력학습(CLDP)**"은 e-러닝 기반의 시각디자인교육에 있어서 인지적 측면에서는 디자인종합화 능력 개선의 효과가 있고, 정의적 측면에서는 온라인의 폐쇄성과 고립감 해소 및 학습자의 태도에 변화를 주는 **효과가 높음을 알 수 있었다.** 그러나 본 연구모형의 실행 시 창의적 구상능력을 향상시키기 위해서는 아이디어 시각화나 조형감각에 대한 개발을 위한 보완이 추가적으로 필요하다.

디자인교육에서 가장 중요시되는 창의적 아이디어 개발, 디자인의 논리적 전개, 개성적인 프레젠테이션 방법 등은 교수와 학생 간, 학생과 학생 간의 핑퐁 게임과도 같은 끊임없는 아이디어의 교환 및 토론 과정을 통해 개발될 수 있다.추후 이에 대한 지속적인 연구를 통해 e-러닝 기반의 시각디자인교육이 인지적·정의적 측면에서 효과적일 수 있기를 기대한다.

[참고문헌]

■ 단행본

강인애 (1997),『왜 구성주의인가?』, 서울: 문음사.
강인애 (2003),『우리시대의 구성주의』, 서울: 문음사.
김덕중, 김연주 (2002),『e-Learning 기획 실무 스타일 가이드』, 서울: 비비컴.
김신곤 외 (1999),『실기교육방법탐구』, 서울: 학지사.
김아영 (2000),『관찰연구법』, 서울: 교육과학사.
김영환 (2003),『원격교육의 이론과 실제』, 서울: 학지사.
김윤옥 외,『교육연구를 위한 질적 연구방법과 설계』, 서울: 문음사
김지현 (1999),『타입과 타이포그래피, 서울: 임프레스.
나일주 (1999),『웹 기반교육』, 서울: 교육과학사.
로젠버그, 유영만 역 (2001),『e-LEARNING(디지털시대의 지식확산 전략)』, 서울: 물푸레
마샬 맥루한, (2001),『미디어의 이해』, 서울: 커뮤니케이션북스.
박성익 외 (2001),『교육공학 탐구의 새지평』, 서울: 교육과학사.
박숙희, 염명숙 (2003),『교수학습과 교육공학』, 서울: 학지사.
변영계, 김광휘 (2000),『협동학습의 이론과 실제』, 서울: 학지사.
백영균 외 (2003),『교육방법 및 교육공학』, 서울: 학지사.
이삼형 외 (2000),『국어교육학』, 서울: 삼지원.
이동원 (1997),『인간교육과 협동학습』, 서울: 성원사.
이인숙 (2002),『e－러닝: 사이버 공간의 새로운 패러다임』, 서울: 문음사.
이정우 (1999),『시뮬라크르의 시대』, 서울: 거름.
임규혁 (1988),『학교 학습효과를 위한 교육심리학』, 서울: 학지사.
임선하 (1995),『창의성에의 초대』, 서울: 교보문고

임철일 (2000), 『교수설계 이론』, 서울: 교육과학사.

임칠성 역 (1995), 『대인관계와 의사소통』, 집문당.

원유홍 (1998), 『커뮤니케이션디자인사』, 서울: 도서출판 정글.

정경원 (1997), 『디자인과 경영』, 서울: 미진사.

정문성, 김동일 (1998), 『열린 교육을 위한 협동학습의 이론과 실제』, 서울: 형설출판사.

정문성 (2002), 『협동학습의 이해와 실천』, 서울: 교육과학사.

정인성 (2002), 『효과적인 학습 전략』, 서울: 교육과학사.

조미헌 외 (2004), 『e-러닝 컨텐츠 설계』, 서울: 교육과학사.

조영남 (1998), 『구성주의 교육학』, 서울: 교육과학사

조일제 역 (1999), 『언어습득론』, 한국문화사

찰스 왈쉬레거 (1988), 원유홍역, 『디자인의 개념과 원리』, 서울: 안그라픽스.

최길열 (2000), 『디자인발상연구』, 서울: (주)주간디자인신문

최성운 (2001), 『Design』, 서울: 조형사.

하루요시 나루모, 박영원 역 (1998), *Visual Representation*, 서울: 도서출판 국제

Koberg, Don, Jim Bagriall (1999), 『자기계발학습 시리즈: 창의적 문제해결(상)』, 김종화역, 서울: 알파경영혁신센타.

Nigel Cross, 지해천, 정의철역 (1993), 『Engineering Design Method, 디자인 방법론』, 서울: 미진사.

Thomas M. Duffy, David H. Jonassen (2003), 최정임, 유화영역, 『구성주의와 교육공학』, 서울: 신호서적.

L.P.Steffe & J. Gale, 이명근 옮김 (2005), 『교육과 구성주의』, 서울: 학지사.

Barrows, H. S. (1985), *How to Design a Problem-Based Curriculum for the Preclinical Years*, New York, BW: Springer Publishing Company.

Barrows, H. S. (1992). *The Tutorial Process*(revised edition), Springfield, IL: Southern Illinois University School of Medicine.

Barrows, H. S. (1996). "Problem-Based Learning in Medicine and Beyond", In L. Wilkerson & W. H. Gijselaers (ed.) *Bringing Problem-Based Learning to Higher Education: Theory and Practice*, San Francisco, CA: Jossey-Bass Publisher, pp.3-12.

Biagi, R. (1978), "Working Together: A Manual for Helping Groups Work More Effectively", Amherst, MA: University of Massachusetts Press.Brenda, Smith

Faison (1996), *Graphic Designers in Transition, Interactions* Jan.

Duffy, T. M. et al. (1998), "Critical Thinking in a Distributed Environment: A Pedagogical Base for the Design of Conferencing Systems", In C. J. Bonk & K. S. King(Eds.) (1998), "Electronix Collaborators: Earner-entered Texhnologies for Llitercy, Apprentice-ship, and Discourse", Mhwah NJ: Lawrence Erlbaum Associates Sharan, R. E. (1990), *Cooperative Learning: Theory, Research, and Pratice*, NJ: Prentice Hall.

Dillenbourg, P. (1999), Introduction: What Do You Mean by "Collaborative Learning?", In P. Dillenbourg (Ed.), *Collaborative learning: Cognitive and Computational Approach*, New York, CA: Pergamon.

George M. Gazda, Raymond J. Corsini (1980), *Theories of Learning-Acomparative Approach*, F. E. Peacock Pub.

Gordon, W. J. J., *Synethics (1961)*, N.Y: Harper, 1961.

Victor Papanek (1985), *Design for the Real World*, 2nd ed, Chicago: Academy Chicago Pubs.

Vygotsky, L. (1987), *Mind in Society: The Development of Bighber Psychological Process*, Harvard University Press.

■ 학위논문

심재희 (2003), "디자인문화교육 프로그램이 디자인 의식 및 행동 변화에 미치는 영향", 연세대학교 대학원 박사학위 논문.

이동원 (1991), "집단경쟁과 무집단경쟁 협동학습이 학업성취와 학습동기에 미치는 효과", 계명대학교 대학원 박사학위논문.

임정훈 (1998), "웹 기반 문제해결학습 환경에서 소집단 협동학습 전략이 온라인 토론의 참여도와 문제해결에 미치는 효과", 서울대학교 대학원 박사학위 논문.

양낙진 (1990), "협동학습이 자아존중감에 미치는 효과에 관한 연구", 건국대학교 박사학위논문.

유재만 (2001), "구성주의 초등미술학습모형 개발에 관한 연구", 홍익대학교 대학원 박사학위논문.

정문성 (1996), "사회과 학업성취에 대한 협동학습에 대한 연구", 서울대학교 대학원 박사학위논문.

정영란 (2003), "웹 기반 프로젝트 중심학습이 학습자의 태도, 학습 결과 및 성찰적 실천에 미치는 영향", 한양대학교 대학원 박사학위논문.

최인영 (2005), "다층 퍼셉트론 맥락에서 본 디자인 콘셉트 개발 방법론으로서 콘셉토 제안", 홍익대 대학원 박사학위논문.

홍진원 (1993), "한국 대학 디자인교육의 역사적 전개에 관한 연구", 서울대학교 대학원 석사학위논문.

Eun Sook Kwon (2004), *A New Constructivist Learning Theory for Web-based Design Learning with its Implementation and Interpretation for Design Education*, Graduate School of the Ohio State University.

■ 학술지

강현주 (2004), "영상 이미지 시대의 디자인"『디자인사 연구』, 조형교육.

김명순 (2000), "협동학습의 국어 교육적 의의",『한국어문교육』9집, 교원대.

김득곤 (2003), "디자인교육에서의 창의적 발상과 문제해결 방법 연구",『용인대학교 학생생활연구』11권.

김영기 (1984), "디자인교육의 미래",『예림』, VOL.4, pp.55-60

김준교 (2000), "사이버디자인교육의 효율적 운용방안에 대한 연구",『中央大學校 藝術大學 創論』, Vol.19.

권은숙 (2002), "온라인디자인교육을 위한 인식론적 고찰",『디자인학 연구』통권 49.

류완영 (2001), "인적자원 개발을 위한 교육내용, 방법의 쇄신",『한국교육학회 추계 학술대회 논문집』, 한국교육학회, pp.85-106.

류시천 (2000), "멀티미디어디자인에서 사용자 인터페이스 그래픽 메타포유형에 관한 연구",『디자인학연구』Vol.13.

문태선 (2000), "시각디자인교육의 실제에 대한 제언",『조형지』, Vol.1.

민경우, "미래 사회에서 디자인교육 방향에 관한 연구",『디자인학연 구』통권51,

Vol.16, No.1

박영목 (2002), "협상을 통한 의미 구성과 협동 작문", 『국어교육』 107집, 한국국어
　　교육연구학회.

박정임 (2004), "디자인 패러다임의 변화와 디자인교육의 특성화", 『진리논단』 Vol.1,
　　No.9.

박휘낙 (1985), "한국디자인교육의 변천과정연구", 『대전교대논문집』.

성기혁 (2001), "시각디자인 전문가 양성을 위한 ksa 교육," 『경복논총』 No.5.

장지연 외 (2004), "어린이 디자인교육 프로그램 연구", 『디자인학 연구』, 한국디자
　　인학회, 5.

양승무 (1996), "컴퓨터 관련 디자인 분야에서의 인터랙션디자인교육에 관한 연구",
　　『산업미술연구』 Vol.12.

양해경, 이경순 (2004), "KERIS 이슈 리포트: e－러닝의 이해", KERIS.

유영만 (2002), "e－러닝 산업의 현황과 발전방향", 『e－비즈니스 연보』, KIEC

유명환, 최인영 (2005), "구성주의 학습이론을 활용한 e－러닝 기반 디자인교육에 관
　　한 연구", 『기초조형학연구』, Vol.6, No.4, 2005.

윤지영 (2003), "디자인 분야의 원격 강의 컨텐츠 개발을 위한 고려사항", 디자인학
　　연구』통권 53호, Vol.16, No.3.

이순종 (1999), "디자인 산업과 교육 그리고 사회", 『월간 디자인』, 2월호

이재현 (1999), "디지털정보와 디자인교육에 대한 연구", 『울산과학대학연구논문집』
　　Vol.26권, 2호.

임철일 (2004), "e－러닝 과정 개발의 설계전략", 『e-hrd』 No.12, 5.

임선빈 (1997), "협동학습의 실천적 접근 방안 모색", 『교육공학연구』, 제13권 제2호

임칠성 (2003), "국어과 협동학습의 의의와 수업 전략", 『전남대 국어교육학회 발표문』

임칠성 (2003), "협상을 통한 읽고 쓰기 협동 수업", 『국어교과교육연구』 5.

전성복 (1999), "교과명에 나타난 시각디자인교육의 변화", 『울산대학교 조형논총』
　　제2권 제2호.

조일현 (2003), "iMBA적용 GBS소개", 『iMBA』 제6호, 성균관대 경영대학원.

최성희, 이인경 (1999), "문제중심학습의 실천적 모형 탐색: 사례연구", 『교육학연구』
　　7(3), pp.247-277

최영옥 (2002), "Web 기반 디자인교육에 관한 연구", 『디자인학연구』통권 47호,
　　Vol.15, No.2.

Albanese, M. A. (1993), & Mitchell, S., "Problem-Based Learning: A Review of Literature on Its Outcomes and Implementation Issues", *Academic Medicine*, 68(1), pp.53-81.

Amstrong, J. L., & Peters, J. M. (1988), "The Transformative Process of Collaborative Learning", *Paper presented at the Qualitative Interest Group meeting*, Athens, GA. Anderson, J. C., & Gerbing, D. W.

Barrows, H. S. (1986), "A Taxonomy of Problem Based Learning Methods", *Medical Education*, 20, pp.481-486.

Brenda I. Lopez Ortiz (1990), "Problem-based Learning in Distance Education: A Literature Review of How the Distance Education Environment Transforms the Design of PBL for Teacher Education", pp.673-678, *Problem-based learning: an approach to Medical Education*, Springfield, IL: Southern Illinois University School of Medicine. Bartlett, C. A., & Ghoshal, S.

Bruffee, K. A. (1999), *Collaborative learning: higher education, Interdependence, and the Authority of Knowledge*, 2nd ed., Baltimore, ML: Johns Hopkins.

Daniel Boyarski (1998), "Designing Design Education", *SIGCHI Bulletin*, Vol.30, No.3, July, pp.7-10.

DeMartino, Darrell J. (1999), "Employing Adult Education Principles in Instructional Design", *Society for Information Technology & Teacher Education Internationl Conference*.

Eagle, C. J., Harasym (1992), P. H., & Mandin, H., "Effects of Tutors with Case Expertise on Problem-based Learning Issuesm", *Academic Medicine*, 67, pp.465-469.

Forrest, A., & Walsh, L. (2001), "Assessable Damage", In P. Schwartz, S. Mennin, & G. Webb (Ed.), *Problem-based Learning: Case Studies, Experience and Practice*, London: Kogan Page, pp.156-162.

John D. Fernandez (2004), "A Paradigm for Community-based Human Computer Interactiion Education", *JCSC*, 19, 4, pp.329-334.

J. P. Guilford (1950), "Creativity", *American Psychologist*, 5.

K. Coninx, B. Daems (1997), "Design and Realization of an Interactive Multimedia Server in Education", *ITiCSE*, pp.65-70.

K. Dunker (1945), "On Problem Solving", *Psychological Monographis*, No.58.

L. Anido-Rifon (2001), "A component Model for standardized Web-based Education", *ACM Journal of Education Resources in Computing*, Vol.1, No.2, Summer.

Leslie Champeny (2004), "Developing a Digital Learning Environment: An Evaluation of Design and Implementation Processes", *JCDL*, June7-11, pp.37-46.

Lorna Uden and Russell Campion (2000), "Integrating Modality Theory in Educational Multimeda Design", *ASCILITE Conference Proceeding*.

Lubart, T. I. (1994), "Creativity", In R.J. Sternberg(ed.), *Thinking and Problem Solving*, (NY: Academic Press.

Nickerson, R.S. (1999), "Enhancing Creativity", In R.S. Sternberg(ed.), *Handbook of Creativity*, (Cambridge: Cambridge Univ. Press.

Rovy Branon, Brian Beatty (2001), "Developing Online Course: A Human-Centered Approach", *National Convention of the Association for Educational Communications and Technology*, Nov. 8-12.

Sefton, A. (2001), "Overcoming obstacles", In P. Schwartz, S. Mennin, & G. Webb (Ed.), *Problem-based Learning: Case Studies*, Experience and Practice, London: Kogan Page, pp.52-59.

Slavin, R. E. (1989), "Cooperative Learning: Where behavioral and humanistic Approaches to Classroom Motivation meet", *Elementary School Journal*, 88.

Stepien et al. (1993), "Problem-based learning for Traditional and Interdisciplinary Classrooms", *Journal for the Education of the Gifted*, 16, pp.338-357.

Stephianie Boger (2001), "Instructional Design", *Proceedings of Society for Information Technology & Teacher Education Internationl Conference*, March 5-10.

〈부록 1〉 과제평가지

학 번:	이 름:	총 점수:

해당 학생의 작품을 다음과 같이 평가해주십시오.

평가항목		세부내용	평가점수				
			많은 수정요함	수정 요함	보통	잘함	매우 잘함
			1	2	3	4	5
창의적 구상력	신선한 창조 능력	1) 고정관념에서 탈피한 디자인인가?					
		2) 다양하고 많은 아이디어를 보여주고 있는가?					
		3) 신선하고 독창적인가?					
	아이디어 시각화능 력	4) 개념적인 대상을 유연하게 보여주는가?					
		5) 섬세한 명암과 색조를 표현하고 있는가?					
		6) 조형요소를 적절하게 사용하고 있는가?					
		7) 독창적이고 개성적으로 시각화되었는가?					
	조형 감각	8) 조형요소들이 아름답게 시각화되었는가?					
		9) 조형요소들의 비례적인 관계의 심미성을 보여주고 있는가?					
		10) 아주 작은 시각적 단서에도 쉽게 감동되는 감수성이 있는가?					
디자인 종합화 능력	주제에 대한 기획과 이해력	11) 주제를 명확하게 이해하고 있는가?					
		12) 최종 과제에 조사된 자료에 대하여 이해하고 있는가?					
		13) 효율적인 제작 방법과 과정에 대하여 이해하고 있는가?					
	분석적 사고력	14) 자료를 적절하게 조사하고 분석하였는가?					
		15) 아이디어를 언어적으로 설득하고 있는가?					
		16) 문제해결을 위하여 적절한 방향설정이 되었는가?					
		17) 해결안을 위한 다양한 탐구능력이 반영되었는가?					
	사용자의 생각과 환경을 고려하는 능력	18) 사용자에 대한 충분한 고려를 하고 있는가?					
		19) 사용자의 시각적인 인지와 잠재적 행위에 대한 분석 능력이 있는가?					
		20) 실용적인 디자인인가?					

〈부록 2〉 온라인 설문조사지

번호		매우 아니다	아니다	보통 이다	그렇다	매우 그렇다
1	과제를 진행하면서 내가 디자인을 배우는 학생이라는 것을 느꼈다.					
2	과제를 진행하면서 팀 내에서 나의 역할이 매우 크다고 생각했다.					
3	과제를 진행하면서 디자인전공자로서의 자신감이 생겼다.					
4	과제를 진행하면서 팀원 간의 동료애가 생겼다.					
5	과제를 진행하면서 모르는 학우들을 많이 알게 되었다.					
6	과제를 진행하면서 다른 학우들을 이해할 수 있는 계기가 되었다.					
7	과제로 인하여 학우 간 토론의 기회가 생겼다.					
8	과제를 진행하면서 팀원의 화합이 매우 중요하다고 생각했다.					
9	과제를 진행하면서 각자의 역할을 충실히 수행하는 것이 결과물에 중요한 영향을 준다는 것을 알게 되었다.					
10	과제를 진행하면서 팀원 간의 협동과 타협을 배우게 되었다.					
11	과제를 진행하면서 주제에 대한 흥미가 생겼다.					
12	과제를 진행하면서 이 과목이 재미있어졌다.					
13	과제는 현실적이고 실제적인 과제라서 좋다고 생각한다.					
14	과제를 진행하면서 참고문헌 등을 더 열심히 조사하게 되었다.					
15	과제를 진행하면서 과제를 더 열심히 진행하게 되었다.					
16	과제를 진행하면서 디자인 문제를 새롭게 인지할 수 있었다					
17	과제를 하면서 수업에 더 집중하게 되었다.					
18	과제를 진행하면서 수업내용에 관한 질의가 많아졌다.					
19	과제를 진행하면서 이 수업을 더 열심히 듣게 되었다.					
20	강의수강 보다 과제를 열심히 수행하였다.					

유명환

서울산업대학교 미술학사

한양대학교 미술교육학 석사

한양대학교 시각디자인학 박사

경 력

- 현, 한국싸이버대학교 디지털미디어디자인학부 교수
- (주)조영물산 광고기획실 디자이너(Graphic Design)
- (주)고려씨스템산업 기술연구소 연구원(Font Design / Interface Design)
- (주)포스데이타 기술연구소(Font Design / UI Design)
- 수원IT전문학교 정보통신학과 학과장 / 웹 디자인과 전임교수
- 한양여자대학, 서울디지털디자인전문학교, 동국대학교 강사
- 한양대학교 디자인대학 외래강사

연구논문

「캘리그래피를 활용한 영화포스터 디자인의 시각정보 전달효과에 관한 연구」 (브랜드디자인학연구, Vol.3, No.1, 2006)

「디자인교육용 e–러닝 콘텐츠 개발 방법론」 (기초조형학연구, Vol.6, No.4, 2005)

「디지털디자인소스의 활용과 의미에 관한 연구」 (기초조형학연구, Vol.5, No.3, 2004)

「최근 시각커뮤니케이션디자인의 e–비즈니스 유형」 (브랜드디자인학연구 Vol.1, No.1., 2003) 외 다수

전 시

- 한글 시너지전(Hangeul Synergy), 드림갤러리, 2005
- KWVA International Invitation Exhibition, Phnom Penh Culture Center, Cambodia, 2005

- 2006 VIDAK 회원전, 예술의 전당 한가람미술관, 2006
- 중국문화원 韓.中.日 디자이너 초대전, 주한중국문화원, 2006
- 한국디자인단체총연합전, 코리아디자인센터, 2005
- International Type Image Design Exhibition, Surrey Institute of Art & Design, 영국, 2004
- 한국미술협회전, 예술의전당 미술관, 2004
- 서울시 전통문화대전, 세종문화회관 신관, 2004
- 한국여성시각디자이너협회 국제전, 예술의 전당 디자인미술관, 2004
  외 다수

e-러닝 기반의 디자인교육 방법론

• 초판 인쇄	2006년 12월 1일
• 초판 발행	2006년 12월 1일
• 지 은 이	유명환
• 펴 낸 이	채종준
• 펴 낸 곳	한국학술정보㈜
	경기도 파주시 교하읍 문발리 526-2
	파주출판문화정보산업단지
	전화 031) 908-3181(대표) · 팩스 031) 908-3189
	홈페이지 http://www.kstudy.com
	e-mail(출판사업팀사업부) publish@kstudy.com
• 등 록	제일산-115호(2000. 6. 19)
• 가 격	24,000원

ISBN   89-534-6156-1 93370 (Paper Book)
       89-534-6157-X 98370 (e-Book)